A ENERGIA ESPIRITUAL E SEU PODER DE CURA

DUDLEY BLADES

A ENERGIA ESPIRITUAL E SEU PODER DE CURA

Um relato pessoal sobre o poder de cura da energia espiritual, no qual o autor mostra que a cura não é um dom mas uma arte que pode ser aprendida por todos.

Tradução
CLÁUDIA GERPE DUARTE

Editora PENSAMENTO
São Paulo

Título do original:
Spiritual Healing

Copyright © Dudley Blades 1979.

Edição	Ano
-2-3-4-5-6-7-8-9-10	-93-94-95

Direitos de tradução para a língua portuguesa
adquiridos com exclusividade pela
EDITORA PENSAMENTO LTDA.
Rua Dr. Mário Vicente, 374 – 04270 – São Paulo, SP –
que se reserva a propriedade literária desta tradução.

Impresso em nossas oficinas gráficas.

Para "Jamie"

SUMÁRIO

Introdução   9

Capítulos
1. A Verdade Sobre a Cura   15
2. A Fonte do Poder de Cura   25
3. As Pessoas que Curam são Necessárias?   33
4. Os Espíritos Amigos   37
5. "A Morte não existe! "   43
6. O Que é a Cura?   51
7. O Corpo Etérico   55
8. A Aura   59
9. A Cura pelo Contato: O Grupo   63
10. A Imaginação Criativa   81
11. A Mecânica da Cura à Distância   85
12. A Mente   91
13. A Doença e a Saúde   99
14. Quando a Cura "Falha"   107
15. Quem são os Curadores?   111
16. Miscelânea   121

Leitura Complementar   127

INTRODUÇÃO

Por uma ou outra razão você comprou ou pediu este livro emprestado, e agora está dando uma olhadela na introdução para verificar do que se trata.

O título o intriga? O que a palavra cura significa para você? O mundo sobrenatural, miraculoso e excêntrico de gente que acredita em qualquer coisa?

Por que estou fazendo essas perguntas, se não posso ouvir a sua resposta? A questão é: valerá a pena ler e estudar este pequeno livro? A melhor maneira de ajudá-lo a tomar essa decisão é fornecendo-lhe um esboço sobre o tipo de pessoa que eu tinha em mente quando preparei este livro.

Vamos começar imaginando uma pessoa que esteja interessada em pessoas. Eu sei que, de uma forma ou de outra, quase todo mundo está interessado em pessoas; mas existem aqueles cujo motivo de interesse os desqualificaria como possíveis leitores deste livro. Um exemplo é o vendedor agressivo, que vê as pessoas apenas como clientes em potencial, e que só trava relacionamentos pensando no que poderá lucrar com isso. Na verdade, você não precisa ser um vendedor para olhar para os seus irmãos e irmãs da família humana como objetos a serem manipulados de uma forma ou de outra. Existem aqueles que usam as pessoas apenas como um público para suas opiniões, resmungos ou seja lá o que for, e todos já nos deparamos com o tipo que olha para os outros procurando neles o que há de pior.

Estar interessado nas pessoas, na minha opinião, significa estar preocupado com o seu bem-estar e ter compaixão por elas, uma palavra antiga mas que não está fora de moda; é estar pronto para ajudar quando a ajuda se torna necessária; é ficar preocupado quando as coisas vão mal para elas e feliz quando vão bem.

Eu também tinha em mente alguém que estivesse interessado na vida. No significado da vida. O que é a vida? Por que estamos aqui? E o que é a morte?

Sempre haverá interesse por aquilo que costumamos chamar de religião. Estou me referindo a alguma coisa além de ir à igreja ou de ser membro de alguma entidade ou seita. Na Inglaterra, a grande maioria das pessoas não vai à igreja nem se considera membro atuante de alguma organização religiosa, embora seja provável que tenha pensamentos, pontos de vista e dúvidas de natureza religiosa ou, como prefiro dizer, de natureza espiritual. Note bem: não estou excluindo os membros das igrejas. Sendo eu mesmo um pastor, lamento o fato de a cura ter sido negligenciada e ignorada durante tanto tempo pelas pessoas ligadas à Igreja.

O interesse está crescendo, naturalmente, mas temos a impressão de que existe um interesse maior, não apenas com relação à cura mas também com relação a outros assuntos espirituais, mais por parte da maioria que possui crenças independentes do que por parte das pessoas que estão ligadas às religiões organizadas. Existem alguns movimentos em que a cura alcançou uma posição bastante firme e proeminente dentro das suas atividades. A Associação Espiritual e a Ciência Cristã são, provavelmente, os melhores exemplos conhecidos.

Isso me leva à terceira e mais importante qualidade que eu tinha em mente. Ela pode ser mais bem descrita como liberalidade, uma predisposição para ouvir as opiniões e experiências dos outros, um estar aberto a novas idéias, estar interessado na verdade e não prejulgar qualquer assunto com uma atitude do tipo: "Como nós estamos certos, então todas as outras pessoas têm de estar erradas."

Assim sendo, se você está interessado nas pessoas, na vida, e é liberal, este livro, com certeza, é indicado para você.

Alguma Coisa a meu Respeito
Agora, quero lhes dizer algo a meu respeito — quem sou e como

cheguei a escrever este livro. Desejo começar da época em que tinha vinte e poucos anos e era um policial. Eu usava o número 110 nos ombros e o distintivo da polícia do burgo de Tynemouth no capacete. Ainda guardo os dois como lembrança daqueles dias.

Nos cinco ou seis anos anteriores, eu havia desenvolvido um interesse pela igreja; no caso, a Igreja Presbiteriana da Inglaterra, e o ponto central do meu interesse era a Congregação Presbiteriana de Jovens, uma organização nacional notável sob muitos aspectos, inclusive quanto ao seu limite de variação de idade, que ia de dezessete a trinta anos. No verão de 1957, eu estava participando de uma conferência de verão dessa Congregação. O Dr. William Barclay era o conferencista e, com seu modo vigoroso e autoritário, sondava os Evangelhos e nos mostrava Jesus.

Algumas pessoas, normalmente líderes de grupos e membros da comissão, costumavam conduzir as orações noturnas, e seria a minha vez na segunda-feira, à noite. Meus planos para esse evento incluíam um pequeno discurso que havia sido cuidadosamente escrito, palavra por palavra, em cerca de quatro pedaços de papel, devidamente na ordem e colocados bem à mão. Depois de um hino e de uma oração apanhei os pedaços de papel e percebi que estavam irremediavelmente embaralhados. Acho que entrei em pânico por um momento, pois notei que todos estavam esperando que eu dissesse alguma coisa. Comecei, então, a falar o que veio "à minha cabeça". Quando terminei, eu não tinha a menor idéia sobre o que havia falado, mas William Barclay se dirigiu a mim, apertou-me a mão e disse, com o seu rico sotaque escocês: "Meus parabéns; valeu a pena vir ao Sul apenas para ouvir isso."

Fiquei abalado com os dois aspectos dessa experiência, mas isso ainda não era tudo. Eu alimentava, há algum tempo, lá no fundo da minha mente, o sentimento de que gostaria de ser um pastor: mas isso, naturalmente, estava fora de cogitação. A Igreja Presbiteriana da Inglaterra exigia que seus pastores tivessem elevados padrões acadêmicos, e eu abandonara a escola aos quatorze anos. Além disso, eu tinha uma mãe viúva para sustentar e um problema de dicção. Não que este último fosse insuperável, embora posteriormente um membro da junta que selecionava os candidatos à carreira do sacerdócio tenha votado contra mim por esse motivo. Entretanto, os eventos daquela semana prosseguiram. Minha mãe havia adoecido e alguns amigos estavam tentando entrar em contato comigo. Eles pediram a ajuda da polícia e, na quarta-feira de manhã, recebi o recado: "Vá para casa imediatamente, sua mãe está muito doente." A conferência estava sendo realizada na Keele University, e não sei quantas vezes mudei de trem até chegar à Estação Central de Newcastle, em Tyneside. Cheguei finalmente em casa, às sete horas; minha mãe falou comigo, e às sete e dez, morreu.

A história dessa noite foi contada muitas vezes desde então. Havia uma presença invisível no aposento. Na minha ingenuidade, achei que era Jesus. Algumas palavras do Evangelho de São João vieram-me à mente: "Vou preparar-vos um lugar. Virei outra vez e vos levarei, comigo, para que onde eu estiver estejais vós também." Achei que Jesus viera para levar mamãe para casa.

Eu me sentia feliz, inspirado, humilde, e milhões de outras coisas também; mas, para encurtar a história, nessa noite decidi me dedicar ao sacerdócio. Podia perceber vagamente uma ligação entre os eventos das noites de segunda e de quarta-feira. A ligação era suficientemente forte: seu entendimento é que era confuso — ou talvez eu é que estava confuso.

Eu estava ciente de que o sobrenatural havia invadido a minha vida, e acho que agora tenho uma compreensão maior daquilo tudo. O destino é uma palavra com muitos significados, mas posso ver agora que eu estava sendo orientado, empurrado (a palavra erudita nos círculos religiosos é "chamado") para seguir determinado caminho.

O tempo passou. Em meados dos anos 60, fui ordenado e dirigi-me para minha primeira igreja, em Northumberland, meu condado de origem, numa aldeia em North Tynedale chamada Bellingham, que se pronuncia "Bell-in-jim" à maneira do lugar.

12

Interessei-me depois pela teologia clínica, uma mistura de psicologia e religião, muito útil para o entendimento das doenças mentais. Esse interesse era compartilhado pelos meus colegas anglicanos da aldeia, Bernard Garman e o seu sucessor, Geoffrey Charles. Este último mencionou certa ocasião um livro sobre a cura, *The Forgotten Talent,* escrito por um pastor presbiteriano escocês, James Cameron Peddie. Eu devia ter tentado obter uma cópia do livro — mas não o fiz.

Passaram-se mais alguns anos. Mudei-me para Salford e, numa certa manhã de domingo, os seres que tinham estado me empurrando ou guiando conseguiram me atingir. Uma senhora, membro da minha igreja, Kathie, perguntou-me se eu conhecia alguma coisa a respeito da arte da cura. Minha resposta foi negativa, mas acrescentei que estava interessado no assunto. O que estava ocorrendo é que dois indivíduos, Ken e Edmund, a vinham visitando, realizando sessões de cura. Dois anos antes ela havia estado numa cadeira de rodas, com esclerose disseminada, creio eu, e agora se sentia tão melhor que estava aprendendo a jogar tênis novamente. Eu lhe disse que gostaria de conhecer essas duas pessoas — e esse foi o começo do meu envolvimento direto com a cura espiritual. Ken e Edmund eram espíritas com "e" minúsculo, e sua conversa a respeito de guias espirituais me preocupou um pouco. As principais igrejas cristãs há muito têm reservas quanto ao espiritismo, e isso ainda ocorre hoje, até certo ponto.

Depois disso, onde quer que eu fosse, me deparava com a cura de uma maneira ou de outra: artigos em jornais e revistas, palestras no rádio e na televisão. Todos os livros da biblioteca pareciam ser a respeito de cura.

Visitei um amigo naquele Natal e, enquanto estava sentado numa poltrona perto de uma estante de livros, olhei indolentemente para alguns deles. Um chamou a minha atenção: *The Forgotten Talent,* o livro que eu deveria ter lido há quatro anos. Ele conta como o rev. Peddie descobriu a cura, fala sobre as maravilhas das suas atividades nessa área. Peguei o livro emprestado

13

e o devorei. Peddie levou quinze anos para começar suas atividades e eu me lembro de ter pensado a respeito de quanto tempo ele perdera. Foi só depois de começar a escrever este livro que percebi, com um terrível sentimento de prostração, que já se haviam passado vinte anos desde aquela semana da conferência dada por William Barclay!

Os seres que vinham me orientando haviam mostrado uma paciência maravilhosa quando falhei em perceber a importância de toda uma série de eventos, em número muito mais elevado do que aquele que mencionei aqui. Pois agora eu também estou convencido da presença na minha vida daqueles que a igreja poderia chamar de "os fiéis falecidos", ou que a Bíblia poderia denominar de "a nuvem invisível de testemunhas", e o que os espíritas certamente chamam de "guias". Para mim, eles são pessoas, amigos, e juntos nós cooperamos nas atividades de cura.

Quão diferentes as coisas poderiam ter sido se tivesse havido alguém à mão, há vinte anos, para me explicar o que estava acontecendo. Quanto poderia ter sido feito naquela época. Que a minha história lhe sirva de advertência. Pode não ter sido por mero acaso que este livro veio parar nas suas mãos. Poderá haver um trabalho de cura para *você* e uma série de "dicas" preciosas espalhadas pelo percurso dos seus anos e que foram esmagadas enquanto você passava.

1

A VERDADE SOBRE A CURA

O objetivo deste capítulo é "desmitificar" a cura. A "desmitificação" é uma tentativa de remover os mitos que envolvem um objeto, para revelar ou desnudar a verdade sobre o assunto. Alguns teólogos procuram desmitificar as crenças a respeito de Deus, o que aborrece outros teólogos e, para falar honestamente, os resultados costumam ser desagradáveis. Nós nos lembramos do livro do bispo de Woolwich, *Honest to God*, e o do professor Hick, *The Myth of God Incarnate*. No final das contas, os desmitificadores parecem estar conseguindo avançar, mesmo que seja apenas no sentido de que as coisas nunca mais passem a ser exatamente as mesmas.

"Eu não Tenho o Dom"
No círculo da Igreja, o assunto da cura atraiu a sua cota razoável de mitos, que aderem como cracas ao fundo de um navio e escondem a verdade irradiante. "Eu não tenho o dom de curar" é um desses mitos. Isso foi o que declarou um pastor, colega meu, quando mencionei o assunto. Outros têm repetido as suas palavras e eu tenho a impressão de que a maioria dos clérigos concordariam, não importa o quanto lamentem, com o fato de que o dom da cura não foi ao seu encontro. Esse pesar normalmente é sincero. Eles lêem as histórias de cura nos Evangelhos, ouvem falar dos "milagres" modernos, suspiram, e dizem: "Não seria maravilhoso se eu colocasse minhas mãos em alguém que estives-

se doente, e essa pessoa ficasse curada? Mas, ai de mim, eu não tenho esse dom." O problema é que fizeram com que eles acreditassem que a cura é um dom, quando ela não é nada disso. São Paulo encontra-se na raiz deste problema. Ele forneceu uma relação de dons espirituais, mas essa lista também inclui a pregação, que é uma coisa que a maioria das pessoas faz bastante. Quantas delas afirmariam honestamente que possuem o "dom" de pregar? Houve uma época em que eu desejei ser um pregador prendado, que obtivesse resultados, que enchesse os bancos vazios da igreja — bem, nós todos sonhamos, não é verdade? Imagino que não existem muitos pregadores hoje em dia que possuam "esse dom". E, contudo, todos eles pregam. Estudaram o assunto na faculdade, leram sobre ele, falaram a respeito dele. Passaram longas horas preparando sermões, e desde que se ordenaram eles vêm pregando todos os domingos. Talvez, com o correr dos anos, eles tenham se aperfeiçoado, talvez tenham obtido resultados, seja lá o que isso possa significar. Talvez, se lhes perguntassem por que pregavam, eles dissessem: "faz parte do sacerdócio", e citassem a ordem de Jesus: "Pregai o Evangelho." Essa citação, porém, continua da seguinte forma: "Curai os doentes." A cura também faz parte do sacerdócio, e deveria ser abordada da mesma maneira que a pregação. Estude a cura, fale a respeito dela, leia sobre ela mas, acima de tudo, *realize-a*. Longe de ser um dom, a cura é uma arte, um ofício, uma ciência. Existe um aprendizado a ser seguido e um Mestre sob cujas ordens servimos. Como você ousa pensar que a habilidade cairá repentinamente no seu colo, como uma espécie de favor especial?

Bem, depois de tentar convencer meus colegas pastores, depois de convenientemente esquecer os anos que desperdicei, devo dizer que entre os milhares de homens e mulheres que estão envolvidos com a cura na Inglaterra, muito poucos são pastores ordenados. Este é um ofício essencialmente leigo. Por que será que é assim? Bem, pode haver muitas razões, mas uma delas é que, para muitas pessoas, o interesse com relação à cura surge depois de terem estado do lado que recebe, por assim dizer. Depois de experimentarem o que a cura pode fazer por elas, começam a fazer perguntas, que possivelmente iniciam por: "Como funciona a cura?" e terminam com: "Eu poderia me tornar um curador?"

Grande parte deste livro se dedica a responder a primeira pergunta, mas a segunda pode ser respondida de maneira muito breve. A resposta é: sim, você pode se tornar um curador. Qualquer pessoa pode realizar curas se assim o desejar.

Outro Mito

Outro mito ligado ao assunto da cura é aquele que afirma que, embora Jesus e seus discípulos tenham realizado muitas curas, e que isso representava o amor de Deus em ação, os tempos mudaram e que, hoje em dia, a cura divina é realizada através dos médicos e das enfermeiras, ou seja, através da medicina.

Devo admitir que não tenho ouvido isso recentemente, mas já foi tão comum a ponto de ser quase um pensamento oficial da Igreja. Aparentemente, trata-se de um argumento convincente, simplesmente porque nele existe certa quantidade de verdade. Eu acredito que todo trabalho de cura é divinamente abençoado, embora eu preferisse usar a palavra "espiritualmente", mas dizer que a cura só se realiza através de um único canal é bem diferente.

Esse argumento não passa de uma saída, de uma resposta à pergunta constrangedora: "Por que não existem 'milagres' de cura no cristianismo hoje em dia, quando parece que havia tantos no início?", e que procura salvar as aparências. Nenhum clérigo que estivesse envolvido com a cura daria uma resposta tão insatisfatória. Note bem: num certo sentido, é verdade que a era dos milagres já passou. Milagre é uma palavra que era conveniente usar para rotular eventos que não eram compreendidos. Hoje, conhecemos bastante as leis que governam a doença e a saúde. Sabemos que a cura espiritual é um processo natural e, embora

17

fiquemos satisfeitos quando o curso de um tratamento caminha de acordo com os planos, e desapontados quando isso não ocorre, pelo menos compreendemos que existe um plano. A palavra milagre durou mais do que a sua utilidade. Na verdade, as pessoas que mais a usam hoje em dia parecem ser os jornalistas que numa semana poderão anunciar uma "cura miraculosa" pelas mãos de uma "pessoa que cura pela fé" e no momento seguinte relatarem outro "milagre da ciência moderna". Existe também um pouco de mito no que diz respeito à história da arte de curar. Acredito que seja natural, numa sociedade como a nossa, que possui uma forte cultura cristã, supormos que a cura começou na Galiléia com a vinda de Jesus. Isso não é verdade.

A Cura no Antigo Egito

Muitas civilizações antigas eram espiritualmente mais desenvolvidas do que a Israel de 2000 anos atrás; e sempre que havia um elevado nível de espiritualidade existia também a cura. Sob alguns aspectos, os antigos egípcios podem reivindicar a primazia na arte da cura. Não havia separação entre a religião e a medicina, e os templos de cura eram um componente aceito da cultura. Se era necessário que uma cirurgia fosse realizada, provavelmente com o emprego de bisturis de cobre, um elemento fundamental da equipe de operação seria o sacerdote de Ká, que conduziria o Ká ou espírito do paciente para fora do seu corpo, e o manteria assim para que a pessoa não sentisse choque ou dor. Talvez prefiramos chamar isso de hipnotismo e dizer que tal coisa poderia acontecer hoje em dia. Isso é verdade, mas não poderia ter ocorrido na Inglaterra há duzentos anos atrás. Os antigos egípcios estavam, por certo, bem mais adiantados nesses assuntos do que nós estávamos no século XVIII. Se o seu método de anestesia, através do "transe", era usado nos partos, o que é bem possível, também havia mais entendimento e compaixão por parte deles do que por parte dos líderes da Igreja Cristã, na Inglaterra do século XIX, que afirmavam obstinadamente que a dor constituía uma parte integrante do parto.

Outra importante faceta da medicina do antigo Egito era a cura através da cor. Este é outro aspecto que está sendo redescoberto nos nossos tempos, embora esteja longe de ser completamente aceito ou compreendido. Imagine uma série de salas no interior de um templo situado às margens do Nilo, iluminadas pelos raios de sol que fluem através das vidraças coloridas das janelas. Uma das salas, pense nelas como aposentos particulares, se o desejar tem vidraças azuis, e a luz clara do sol é filtrada, banhando o aposento com um azul tranqüilo que transmite serenidade a qualquer pessoa que precise passar algum tempo ali. Em outro aposento, a vidraça deixa passar raios vermelhos; em outro, verdes; e assim por diante. Cada sala, banhada por uma cor diferente, é usada para a cura. Azul para alguém que esteja ansioso ou preocupado, vermelho para quem esteja fisicamente fraco e precisa de energia.

O princípio fundamental por trás desse uso da luz é que todas as curas espirituais são realizadas dessa maneira. Isso não deve causar surpresa às nossas mentes do século XX. Os raios ultravioleta e infravermelhos são bastante conhecidos por seus efeitos benéficos, e milhares de lâmpadas de calor e de lâmpadas solares são utilizadas diariamente. O que poderá causar surpresa é que todos os raios visíveis do espectro, ou seja, visíveis num arco-íris, possuem contribuições específicas e valiosas para a cura e a manutenção da saúde. Na verdade, muito mais do que essas sete cores são usadas; e eu me lembro muito bem de ter visto raios cor de ametista dançando ao redor da cabeça e dos ombros de alguém que eu estava tentando curar. Trataremos disso mais profundamente depois; o que estou querendo enfatizar no momento é que os antigos egípcios possuíam um conhecimento muito maior do que aquele que o mundo ocidental possui atualmente. E não apenas os egípcios, mas também os chineses, de 4.500 anos atrás, provavelmente conheciam tanto a respeito das doenças comuns quanto nós hoje em dia.

As Histórias de Cura dos Evangelhos

Na Israel de 2.000 anos atrás, as pessoas que curavam não eram raras; Jesus e seus discípulos não começaram uma coisa nova — embora tenhamos que reconhecer que eles a faziam melhor! As histórias de cura do Novo Testamento são normalmente do tipo instantâneo, o que pode representar um problema. Por que isso não ocorre hoje em dia? Vamos analisar a coisa um pouco mais profundamente.

Em primeiro lugar, precisamos observar a maneira como as histórias de cura foram inseridas nos Evangelhos. Imagine que você está escrevendo a história da vida de Jesus. Sua primeira preocupação estaria ligada ao seu material de trabalho, um pedaço de papiro. O papiro era feito da medula do colmo e prensado em tiras de cerca de uma e meia a duas polegadas de largura. As tiras eram expostas, sobrepondo-se umas às outras, amassadas e passadas a ferro, o que resultou num produto final de longa extensão. A superfície superior era alisada para que se pudesse escrever sobre ela e a tira era enrolada no sentido do comprimento, como um rolo de papel de parede pesado. Por causa do peso, do volume, e da natureza frágil dos papiros, havia um limite quanto ao comprimento do rolo que podia ser usado.

O segundo problema é que haveria mais elementos sob a forma de histórias, anedotas, citações etc., do que o espaço que aquele que escrevia o Evangelho tinha para usar. Ele tinha que ser seletivo. O Evangelho de São João fazia referência a isso. O último verso do seu Evangelho diz: "Mas existem também muitas outras coisas que Jesus fez; se todas elas fossem narradas, suponho que o próprio mundo não poderia conter os livros que seriam escritos." Havia, provavelmente, centenas de histórias de cura, e o escritor só podia incluir mais ou menos uma dúzia. Como ele fazia essa seleção? Bem, nós não sabemos. Talvez ele realçasse os diferentes tipos de cura que tivessem sido abordados, ou talvez escolhesse as curas mais impressionantes, as curas "instantâneas".

Por outro lado, temos que ter em mente a natureza das pessoas envolvidas, tanto a de quem realizava a cura como a de quem a recebia.

Um curador é um canal para o poder espiritual. Quanto melhor o canal, mais poder pode passar através dele. Quando falamos de Jesus, estamos falando de alguém que, evidentemente, era capaz de dar a mais completa expressão ao poder do espírito e que, em igualdade de condições, conseguia realizar uma cura mais rápida, se isso era o melhor para o paciente. Existe aqui um importante princípio ao qual voltaremos mais tarde. A atitude da pessoa que busca a cura também é muito importante para a análise das histórias de cura dos Evangelhos.

Uma Experiência Pessoal

A maioria das pessoas que buscavam a cura nos Evangelhos esperava melhorar ou acreditava na cura. No nosso trabalho de cura nós nos deparamos freqüentemente com alguma reserva ou mesmo um pouco de ceticismo. Isso fará com que os efeitos da cura sejam pelo menos reduzidos. Mais uma vez devemos dizer que abordaremos isso mais profundamente no decorrer deste livro; no momento, é suficiente dizer que qualquer pessoa que se dedique à cura não deverá pensar que estará presenciando, em pouco tempo, curas instantâneas, "exatamente como na Bíblia".

Contudo, a vida da pessoa que cura é cheia de surpresas. Eu costumava receber visitas ocasionais de um africano, um nativo da Gâmbia, chamado Abdul. Ele era filho de um médico feiticeiro e já voltou há muito tempo para casa para cuidar dos assuntos da família, como poderíamos dizer. Embora tenha herdado uma grande quantidade de poderes psíquicos (como os chamaríamos), como a clarividência e a psicometria, eles não eram muito eficazes no nosso país. Uma mistura de culturas nunca é muito adequada, e Abdul, um muçulmano, costumava procurar a minha ajuda.

Ele me procurou um dia depois de sofrer um acidente de carro. Segundo todos diziam, ele teve muita sorte em escapar. O lugar do passageiro no banco dianteiro não é um bom lugar para se estar quando um carro se choca contra uma parede, e ele recebera uma forte pancada num dos lados da cabeça. Sua face esquerda estava contundida e inchada e ele estava tendo dificuldade para andar. Não conseguia enxergar com o olho esquerdo, mas isso não era devido à inchação e sim a um traumatismo interno. Ele também estava com uma forte dor de cabeça.

Quando Abdul me contou a respeito do que ocorrera, eu me ofereci para realizar uma sessão de cura. Isso o surpreendeu porque ele não sabia que eu me dedicava à cura, mas concordou prontamente. Fiquei atrás da cadeira onde ele estava sentado e coloquei minhas mãos sobre a sua cabeça. Em poucos segundos ele me disse que a dor de cabeça estava desaparecendo. Depois de mais alguns segundos, ele conseguiu enxergar novamente com o olho esquerdo e, depois de meio minuto, toda a dor havia passado. Abdul ficou impressionado com a mudança e deu um salto, dando pancadas no seu rosto com o punho fechado para me mostrar que tudo havia passado. Isso preocupou-me bastante e eu tive de interrompê-lo, com medo de que tudo voltasse!

Nunca, antes ou depois, presenciei uma transformação tão rápida — meio minuto do início ao fim.

Por que aconteceu tão rapidamente? Por que ele era africano? Muçulmano? Um médico feiticeiro? Não conheço o motivo, mas estou contando a história para mostrar que o receptor pode ajudar ou atrapalhar o processo de cura. Minha participação no ocorrido provavelmente não foi diferente da que tive em muitos outros incidentes semelhantes, mas os resultados certamente não foram corriqueiros; aliás, foram bem diferentes de qualquer outra reação, no que diz respeito à rapidez e à totalidade, pois Abdul não voltou a ter nenhum dos sintomas de que se queixava.

Eu poderia facilmente preencher o resto deste livro com histórias de cura, anamneses, como são chamadas, mas se eu fizesse isso, acho que você logo se cansaria de lê-las. É claro que algumas serão mencionadas, para exemplificar um ou outro ponto, mas o caminho mais importante a ser explorado é aquele que conduz a um entendimento do que é a cura, de como funciona ou não funciona; de como o poder de cura pode ser usado e de como não deve ser usado. Será observado, à medida que progredirmos, que teremos de fazer muitas digressões para poder remover as interpretações erradas que representam obstáculos no nosso caminho.

2

A FONTE DO PODER DE CURA

O que é exatamente o poder que cura? A resposta concisa para essa pergunta é muito simples: é Deus. É Deus quem cura. Porém, e aqui temos a nossa primeira digressão, essa resposta breve poderá fazer surgir na sua mente a imagem de Deus como uma espécie de figura humana que estende a mão e cura. Essa figura antropomórfica não é muito proveitosa nesta etapa. Mais uma vez, poderá ser útil voltarmos às antigas culturas, aos adoradores do Sol, por exemplo. Nossa cultura cristã talvez nos tenha deixado com a impressão de que todos eles eram "pagãos" que não compreendiam a verdadeira natureza de Deus. Na realidade, a verdade pode ser exatamente o oposto.

A Analogia do Sol
Tente pensar, de uma maneira abstrata, sobre o que o Sol faz. Ele é criativo, pois produz a vida. Nada pode crescer sem os raios quentes da luz do Sol. Observe como a flor se abre à luz, acompanha-a em sua trajetória pelo céu e depois se fecha quando o Sol se põe. O Sol é a principal fonte de luz e de energia. Foi extremamente sensato da parte desses "pagãos" adorarem o Sol, e a única objeção verdadeira a essa adoração é que o Sol é impessoal, natural, e apenas um aspecto de uma criação muito maior. À sua própria maneira, ele poderá trazer a vida àquilo que está latente, mas ele em si não cria a vida, uma vez que ele próprio é criado.

Isso é satisfatório; mas estamos cometendo uma injustiça com relação aos adoradores do Sol, uma vez que o Sol físico era amplamente simbólico para eles. O que eles adoravam era o espírito que estava por trás do Sol. O Sol que atravessava diariamente o céu era usado como um veículo, uma carruagem talvez, pelo sol espiritual que era o verdadeiro criador, Deus, que usava os raios do Sol físico para conduzir suas bênçãos criadoras para a Terra. Na verdade, eles veneravam o Espírito e a Luz, e não estariam em desacordo com afirmações do Novo Testamento do tipo: "Deus é espírito" e "Eu sou a luz do mundo".

Embora eles possam não ter conhecido o lado pessoal de Deus que os cristãos consideram tão importante, também é verdadeiro que nós não possuímos o lado impessoal, natural, de Deus. Tenho a certeza de que muitas pessoas acham difícil entender de que modo Deus, um Deus pessoal, pode estar em dois lugares ao mesmo tempo. Elas provavelmente desistem quando lhes pedem que acreditem que Deus está em todos os lugares! Acho que foi Carl Jung quem disse que, se a Centelha Divina estava no homem, ela estava também em todas as árvores, em todas as folhas de grama e em todos os riachos nas montanhas. Isso talvez seja um eco do Evangelho de São João quando fala a respeito do *Logos:* "Sem ele, nada foi feito de tudo o que existe."

A Energia Divina

Precisamos entender que toda a criação está repleta de energia divina, de poder divino, da própria matéria da vida. O poder que é usado na cura envolve o universo e é uma manifestação natural do divino; é aquilo que permite que o tecido bom e saudável cresça e continue a se desenvolver; aquilo que substitui a matéria morta por matéria nova: a energia divina. Os orientais o chamam de Prana e o identificam com o Logos criador do Evangelho de São João. O Prana, dizem eles, está em todos os lugares, está no ar mas não está no ar, está na água mas não está na água. A Hatha Yoga ensina que a maneira de manter a boa saúde é respirar adequadamente, enchendo os pulmões e extraindo uma reserva de Prana do reservatório inexaurível que está à nossa volta.

É preciso lembrar que o mundo, e com isso eu quero me referir a tudo o que está vivo, se encontra constantemente num estado de mudança e de substituição. Isso é válido também para o nosso corpo. A reposição das células continua, a uma taxa fantástica, em todas as partes do nosso sistema. Quase todas as células que morrem são imediatamente substituídas por outras, que são a sua cópia exata. Novas células tomam o lugar das velhas, numa complexidade maravilhosa mas que trabalha baseada num princípio de harmonia e de unidade entre as diversas partes. Células sangüíneas não substituem células da pele, nem células ósseas são substituídas por células sangüíneas. A inteligência orientadora que está por trás de tudo isso, que é mais maravilhosa do que qualquer computador, é a centelha divina que está dentro de nós, o nosso espírito, que por sua vez é parte do *Espírito* e está em harmonia com ele, Deus. Já se afirmou corretamente que o homem é um microcosmo do macrocosmo.

A principal causa da doença é uma deficiência na quantidade de energia divina que recebemos ou, como os hindus diriam, falta de Prana. Talvez o melhor exemplo disso seja imaginarmos um mineiro, um explorador de cavernas ou um foguista que passa muito tempo onde o ar não é puro. O programa de substituição das células é imediatamente afetado, especialmente no sangue e no cérebro. Ele precisará de uma quantidade adicional de oxigênio para restaurar a harmonia. Costumo me referir a isso dizendo que as baterias espirituais de uma pessoa estão enfraquecidas, e com freqüência realizo sessões de cura apenas para recarregar as baterias. Quem quer que esteja envolvido com a cura é capaz de fazer isso, ou seja, fornecer energia espiritual, retirando-a da sua própria reserva ou do "exterior". A pessoa que realiza a cura é, afinal de contas, apenas um canal, uma linha de abastecimento para a passagem da energia espiritual. No início, antes de o canal efetivamente se abrir, a pessoa que cura normalmente recorre às suas próprias reservas. É por isso que os iniciantes algumas vezes se sentem esgotados depois de realizarem uma sessão de cura. Essa etapa logo é ultrapassada, talvez em questão de semanas, à medida que o canal se alarga e a pessoa consegue extrair mais energia de reservas exteriores.

Eu gostaria de falar mais uma coisa sobre as fontes naturais de cura, antes de continuar. O Sol é o principal fornecedor do poder natural, divino e espiritual, e cada um de nós deveria se esforçar por passar algum tempo ao sol e ao ar livre. As pessoas do campo freqüentemente são mais saudáveis do que as que estão aprisionadas nas selvas de pedra, uma vez que.recebem muito mais sol. Outro motivo é que o poder natural é absorvido pela terra, pelas árvores, pela grama, pelas flores etc., e é irradiado de volta. Se pudermos caminhar no campo ou no parque, andando sobre a grama, se isso for permitido, poderemos absorver um pouco dessas radiações. Quando nos encostamos numa árvore, absorvemos energia da árvore. Ao caminharmos num prado cheio de ranúnculos, as flores que amassamos com os pés exalam, quando são esmagadas, uma fragrância que também representa uma bênção. Existe uma outra ligação aqui, com a cura pela cor e com a cura através das flores, e ambas estão sendo redescobertas.

Fontes mais Elevadas de Poder Espiritual
Enquanto o que foi exposto acima forneceu um breve resumo do poder natural que normalmente nos mantém saudáveis e que, por ser natural e normal, ou não é reconhecido ou é tido como certo, é evidente que temos de nos voltar para um poder de voltagem mais elevada, por assim dizer, quando temos que conseguir uma cura que está sendo dificultada por obstáculos maiores e que devem ser superados.

É aí que poderemos nos deparar com algumas dificuldades, pois teremos de imaginar certo número de fontes de grande poder espiritual, e alguns leitores poderão fazer objeção a isso.

Contudo, minha afirmação anterior permanece válida. Todo poder se origina de Deus e nós podemos invocar esse poder; não importa como o façamos. Quando começamos uma sessão de cura em grupo, normalmente faço, em silêncio, uma oração que é mais ou menos assim: "Ó Senhor, que esta sala se encha com a vossa luz e com o vosso poder, e que vossos servos possam usá-los para curar os que vieram procurar ajuda."

Como nosso conhecimento de Deus é completamente subjetivo e muito limitado, e se compõe provavelmente mais de dúvidas do que de certezas, muitas pessoas ligadas à tradição cristã prefeririam invocar Jesus. Afinal de contas, Jesus é alguém que nós podemos visualizar — mesmo que a origem da nossa imagem mental esteja numa gravura empoeirada de uma parede da escola dominical. Suponho que muitos pastores cristãos diriam que não é correto invocar qualquer outra pessoa numa sessão de cura, e citariam trechos do Novo Testamento que se relacionam com a afirmação: "peçam em meu nome". Alguns argumentariam que nenhum outro nome deveria ser invocado, e que apenas através do nome dele a cura poderia ocorrer. Eu não concordo com isso.

Grandes Seres Espirituais

Vamos pensar em alguns Grandes Seres Espirituais, que não possuem corpos físicos mas que têm "corpos" de luz brilhante, e que irradiam essa luz que, na verdade, é o amor. São eles que, depois de muito tempo, conseguiram aproximar-se de Deus. Não estou me referindo à proximidade física, uma vez que o tempo e o espaço são apenas conceitos terrenos. Na sua proximidade, ou na sua "semelhança" com Deus, eles também se tornaram fontes de influência e transmissores do poder do amor divino. Para a cultura cristã, Cristo é o Grande Ser Espiritual mais elevado, mas existem outros de igual importância para as pessoas de outras religiões. Devemos reconhecer que a divisão das crenças e das religiões também é algo que está relacionado com este mundo e, embora os seguidores de Moisés, de Krishna, de Maomé, de Buda, ou de qualquer outro Mestre ou Salvador, possam discutir a respeito da respectiva posição de cada caminho, não existe nenhuma inimizade entre os grandes nomes, pois nas regiões de luz a harmonia e a unidade são soberanas.

Mesmo na tradição cristã existem outros cujos nomes podemos invocar. Maria, por exemplo. Existem os santos. Mais uma vez, considero inútil discutir a respeito de quem é maior, se este ou aquele. Todos eles estão acima da nossa posição. Todos são Grandes Seres Espirituais cuja espiritualidade é tão intensa que os que os invocam podem se aquecer nos raios de luz e de poder que eles irradiam permanentemente. (Uso a palavra "permanentemente" para que nos lembremos de que não devemos pensar que alguma coisa é "ligada" quando a invocamos.)

Como "Sintonizar" o Poder Espiritual

Pense nisso desta maneira: nosso éter está cheio de ondas que conduzem inúmeros sinais de rádio através de grandes distâncias. Apesar desses sinais serem obviamente enviados na esperança de serem captados, não ouvimos nada até que *nos* liguemos, até que sintonizemos o aparelho adequado. Aí, então, é como se passasse a existir uma ligação direta entre a nossa sala de recepção e a longínqua estação transmissora. Isso sem dúvida é amplamente ilusório, pois outra pessoa que esteja a centenas de milhas de distância poderá sintonizar essa mesma estação sem afetar nossa ligação e sem interferir na nossa recepção. Na verdade, centenas de milhares de pessoas podem sintonizar simultaneamente a mesma estação.

Podemos aplicar isso aos nossos Grandes Seres Espirituais. Se eu disser: "Peço a Jesus que o seu poder esteja conosco nesta noite", estarei entrando em sintonia com o seu comprimento de onda, interceptando suas radiações, e o poder estará presente. Além disso, se eu quiser visualizar sua face, seu sorriso, suas mãos estendidas numa bênção, é como se eu estivesse aumentando o volume. Se eu me sentir motivado a invocar o Grande Espírito Branco, sintonizar outra estação, por assim dizer, o poder ainda estará presente, pois todo o Bem vem de uma Fonte única. Embora eu reconheça que a minha analogia com o rádio está cheia de imperfeições, vamos permanecer com ela por mais algum tempo. A qualidade da recepção depende enormemente da qualidade do aparelho. Na cura, nós somos o aparelho e, falando de forma simples, temos de estar sempre nos esforçando para nos tornarmos melhores receptores. Vale também a pena lembrar que alguns aparelhos de rádio nunca são desligados, como, por exemplo, nas centrais dos serviços de emergência. Da mesma forma, os que procuram servir seus semelhantes através da cura deveriam ter como meta estar em permanente estado de sintonia.

Infelizmente, temos de nos envolver com outra analogia antes de abandonarmos nossa explicação inadequada do poder. Desta feita, estou me referindo à energia elétrica de uma grande usina de força e de outros centros de distribuição menores, porém poderosos; de outros canais, de transformadores que reduzem a força até que ela esteja suficientemente moderada para poder entrar nas nossas casas. Mesmo assim, ela é perigosa demais para que a toquemos; essa força terá de ser reduzida a uns poucos volts para que possamos manejá-la sem danos. Em vez disso, talvez seja mais proveitoso pensar no poder do Sol. Se nos aproximássemos demais, ele nos destruiria, ao passo que, na distância em que nos encontramos, de noventa e quatro milhões de milhas, esse poder em geral é suficientemente fraco para que seja benéfico para todos nós. Em geral, mas não sempre, como todos sabemos, por já termos passado pelo desconforto da excessiva exposição ao sol nas férias de verão.

Analogamente, o poder que traz a cura começa como um espírito puro, como uma energia pura, que tem de ser reduzida, enfraquecida, transformada, tornada mais grosseira, num certo sentido, antes que possa ser transmitida para tia Maud, que veio para ser curada, ou antes que possa ser canalizada através da pes-

31

soa que se considera capaz de curar. Não há maneira através da qual possamos manipular esse enorme poder a não ser que ele seja enfraquecido. Depois de dizer tudo isso, devo também dizer que o caminho está se ampliando. A evolução espiritual está ocorrendo e aqueles que fervorosamente procuram desenvolver a espiritualidade dentro de si mesmos descobrirão que, à medida que avançam, o poder que flui através deles também aumenta.

3

AS PESSOAS QUE CURAM SÃO NECESSÁRIAS?

Esta é uma pergunta que já foi feita muitas vezes. Ela está ligada a outra: "Por que as pessoas automaticamente não ficam boas e permanecem boas diretamente por meio do espírito de Deus, sem a necessidade de um intermediário?" Outra pergunta semelhante, que freqüentemente intriga pessoas religiosas sinceras, diz respeito às preces que pedem a cura. Se Deus sabe que tia Maud está doente, por que temos de pedir a Deus para que ela fique boa? Será que ele não faz nada sem que o peçamos? Temos de convencer Deus a ser bom? Existe uma simplicidade enganadora com relação a perguntas como essas, mas não há nada simples no que diz respeito às respostas. E para os que insistem em pensar em Deus como uma espécie de super-homem que mora em algum lugar lá em cima e que pode estender as mãos e tocar nossas vidas, para essas talvez não haja nenhuma resposta. Existe, entretanto, uma explicação razoável para o porquê da necessidade do elemento humano, do intermediário, se você preferir, na cura.

Planos de Existência

Todo garoto de escola, nos dias de hoje, aprende que a matéria sólida não é realmente sólida, mas simplesmente uma massa de átomos que vibra em determinadas freqüências e alcança um estado de equilíbrio ou de estabilidade que faz com que ela pareça sólida. Quer dizer, sólida para qualquer pessoa, ou para qualquer coisa que esteja vibrando dentro da mesma faixa de freqüência. Assim sendo, nós nos machucamos quando damos uma topada numa pedra, apesar de sabermos que, falando de modo científico, nem a pedra nem o nosso dedo são realmente sólidos. Nossa experiência dolorosa prova que pedras e dedos vibram na mesma faixa de freqüência.

Suponhamos, porém, que víssemos um fantasma, daqueles que são típicas atrações turísticas. Ele caminha direto através da parede do castelo, através da pedra que nos machucou e através de nós, se estivermos no seu caminho. Por quê? Porque um fantasma, por usar um corpo etérico, vibra numa freqüência mais elevada ou, pelo menos, diferente. Ele poderá chocar-se com outro fantasma que vibre na mesma freqüência, pois o seu mundo é tão sólido para ele quanto o nosso o é para nós. O nosso, porém, não é sólido para ele e o dele não é sólido para nós. Você está me seguindo? Poderá ser útil reconhecer os sete planos da existência, que dividem a vida no que, para simplificar, podem ser denominados sete faixas de freqüência. Na parte superior, temos o plano do espírito puro, ao passo que, na parte inferior, encontramos o plano material ou físico. Digamos que as vibrações da vida são muito sutis no plano espiritual e muito grosseiras no plano material. Teoricamente, pode existir uma lacuna, ou pelo menos uma nítida linha divisória, entre um plano e o seguinte. É por isso que o nosso fantasma não pode nos tocar, nem nós podemos tocá-lo. Na prática, existe normalmente uma sobreposição e nós vivemos em mais de um plano de existência ao mesmo tempo. Essa sobreposição favorece a continuidade e, de modo geral, não há nenhuma razão para que o espírito puro não nos alcance, desde que levemos em conta o que foi dito a respeito da redução ou da transformação do poder. Normalmente somos banhados pela luz do espírito, ou de Deus, se você preferir, e isso é o que produz ou mantém a saúde.

Contudo se ficarmos doentes, as coisas poderão mudar de forma dramática. Poderemos nos retirar para dentro de nós mesmos, e isso criará uma lacuna precisa entre o plano físico e os planos superiores. Encontramos isso com mais freqüência na depressão mental.

O Tratamento da Depressão

Não sou grande amante de estatísticas, mas não parece haver motivo para duvidarmos de que a depressão mental está aumentando. Houve um período em que quase todos os freqüentadores do nosso grupo de cura sofriam dessa condição extremamente penosa. O observador fortuito normalmente não percebe a depressão e, com freqüência, encontra pouca compreensão. "Anime-se" é o que se diz àqueles cuja vida está sombria e aborrecida e que acham que não vale a pena viver. A depressão é uma das doenças assassinas e que freqüentemente leva ao suicídio. Portanto, nunca deveria ser tratada levianamente. Embora seja considerada uma doença mental, a depressão é, na verdade, mais uma doença espiritual. Ela sempre foi assim julgada em épocas passadas, quando era talvez conhecida como melancolia ou apatia, e o sacerdote era freqüentemente considerado como a pessoa que mais facilmente poderia ser útil nesses casos.

É verdade que só quem já sofreu desse mal poderá entender os horrores da depressão, e a pessoa que cura deverá sempre ser extremamente cautelosa no tratamento daqueles que a procuram para serem curados. Também é verdade que a pessoa que sofre de depressão não terá, no início, muita fé na cura espiritual, ou muita esperança de que o curador seja capaz de fazer qualquer coisa. É um derradeiro esforço, uma atitude de "bem, pior não poderá ficar", e com freqüência representa apenas a insistência de um amigo que diz: "Eu irei com você", que leva a pessoa deprimida até a porta do curador.

Falando do ponto de vista espiritual, a depressão é causada pelo surgimento, de um modo ou de outro, de uma lacuna entre o plano inferior e o plano superior da vida. O espírito interno, desprovido da nutrição espiritual dos reinos superiores, reduz sua chama como uma vela com falta de oxigênio. À medida que a cor e o calor se esvaem da vida, também o fazem os sentimentos pelos outros. A fé vai embora, a prece torna-se impossível, não existe Deus. A frieza e o retraimento se estendem à família, inclusive às crianças, e isso causa mais sofrimento.

Sempre ponho em risco o meu pescoço quando lido com a depressão. Eu prometo, garanto, que haverá uma melhora. Enfatizo que haverá um longo e extenuante trabalho mas que, digamos, em seis meses, no máximo, o pior já terá passado. É preciso agir assim porque temos de criar o interesse, temos de acender uma centelha de esperança. A cura surge do interior. Quero dizer com isso que esse pavio da centelha divina que está queimando fracamente, se voltar a ser alimentado, iluminará mais uma vez essa vida.

O grande problema que envolve a depressão é levar a cura até o fim, conduzindo o poder e o amor divinos ao espírito que está no interior. A depressão volta a pessoa para dentro de si mesma, e isso cria uma crosta ou uma carapaça dura que precisa ser rachada, quebrada, dissipada. É isso que leva tempo, e existem muito poucos atalhos.

É essa crosta, naturalmente, que interrompe o contato com Deus, que cria a lacuna entre as vibrações mais elevadas e as vibrações inferiores. A solução é usar outro ser humano, alguém que, embora se encontre no mesmo nível, dentro da mesma faixa de freqüência que o sofredor, também esteja em contato com freqüências mais elevadas. É o caso de descer e depois prosseguir; descer verticalmente, seguido de uma progressão horizontal, exatamente como uma pessoa que está no andar superior de um edifício e que quer entrar em contato com alguém que está no térreo. Ela entra em contato com outra pessoa no andar térreo, e esta pessoa prossegue e entrega a mensagem.

Apesar de a depressão ser um exemplo especial de como e de porque os seres humanos que curam são usados para executar a vontade de Deus, o princípio descrito permanece verdadeiro de uma maneira geral e será mencionado e ampliado posteriormente.

4

OS ESPÍRITOS AMIGOS

Chegamos agora a um dos aspectos mais importantes da atividade conhecida como cura espiritual e que é difícil de ser aceito por muitas pessoas. Ele se relaciona com a participação no processo da cura de pessoas que não vivem mais em carne e osso na Terra. Em outras palavras, são espíritos ou, empregando uma expressão freqüentemente usada nos debates teológicos sobre o assunto: as entidades desencarnadas. Tenho grande aversão por essa expressão e mencionei-a apenas para que, caso você se depare algum dia com ela, saiba que ela quer dizer a mesma coisa que "espíritos".

Seja qual for o jargão, as pessoas que estão no mundo dos espíritos têm um papel importante na cura. Muitos indivíduos se sentem relutantes em aceitar isso, talvez por medo. Eles não querem se envolver com o espiritismo ou com "esse tipo de coisa". Talvez a maior oposição à participação de espíritos amigos, ou, mesmo, no que diz respeito à sua própria existência, seja da parte dos cristãos ortodoxos, que lembram as proibições do Antigo Testamento sobre a "consulta aos espíritos", ou que receberam ensinamentos no sentido de que os mortos permanecem mortos até que soe a trombeta final, quando todos nos levantaremos! Teremos mais a dizer a respeito disso no próximo capítulo, mas temos de nos adiantar um pouco para apresentar a contribuição dos espíritos amigos no trabalho de um curador. A chave para a compreensão desse assunto, como de tantos outros, é deixar prevalecer nosso bom senso. Não importa o que você tenha aprendido no passado, não importa o que você tenha lido, pergunte a você mesmo: "Isso faz sentido? Parece certo?"

Avalie este livro da mesma maneira. Se você se deparar nestas páginas com idéias que nunca ouviu antes, não as rejeite nem as aceite apressadamente. Analise-as com cuidado e use o seu bom senso.

De vez em quando, pense no caso de um médico que atendia bem às pessoas de uma cidade. Ele poderia ter ganho mais dinheiro do que ganhou. Poderia ter tido sua placa de bronze na rua principal, mas preferiu permanecer servindo a classe trabalhadora. Seu motivo para fazer isso era bastante simples. Ele se preocupava com as pessoas.

Um dia ele morreu. No estado pós-morte ele decidiu continuar cuidando dos seus pacientes. (Você deve saber que a personalidade não muda com a morte. Você continua sendo, em grande parte, o mesmo tipo de pessoa que foi na Terra, e o que seria mais natural para esse homem do que continuar a se dedicar às pessoas doentes?) Não conheci esse médico em carne e osso mas, pelo menos em duas ocasiões, quando estivemos fazendo sessões de cura com pessoas que tinham sido seus pacientes, ele esteve conosco e foi visto na nossa sala "discutindo o caso" com um dos nossos espíritos de cura habituais. Este último é um indiano que trabalha conosco e através de nós. Ele é nosso amigo e faz parte da nossa equipe.

Trabalho de Equipe

A cura é sempre um trabalho de equipe. Não existe a possibilidade de uma pessoa que cura trabalhar sozinha. Cada um de nós tem certa quantidade de espíritos auxiliares, quer saibamos disso ou não. Os curadores Espíritas, e o "E" maiúsculo aqui é proposital e se refere a pessoas que trabalham com o movimento espírita, se sentem felizes por aceitar a realidade dos seus "guias espirituais". Por outro lado, os cristãos ortodoxos, talvez pastores ou padres, sentem-se relutantes em fazê-lo, ficando ansiosos por acreditar que toda cura parte de Cristo. Alguns poderão acreditar pela metade, por assim dizer, reconhecendo que existem "anjos que prestam assistência". Eles têm de ser tranqüilizados quanto ao fato de que ninguém pretende negar a suprema importância de Cristo. Poderá haver problemas com relação às afirmações doutrinárias feitas a respeito de Cristo, mas esses problemas existem também dentro da Igreja. Entretanto, para muitas pessoas que se dedicam à cura, a Luz de Cristo ou o Espírito de Cristo é o canal ou comprimento de onda particular que elas procuram sintonizar.

O que é necessário é um reconhecimento de que existe uma espécie de corrente de seres menos importantes que recorrem a esse suprimento de energia. Se estamos falando de anjos ou de arcanjos, se preferimos achar que são os santos, ou se pensamos nas pessoas boas dos diferentes séculos, virtuosas talvez, mas não santos, realmente não importa. Contudo é perfeitamente razoável para mim aceitar que, se eu, uma pessoa em carne e osso, sem qualquer santidade, posso recorrer à fonte do poder divino para servir meus semalhantes, os que não são mais nossos companheiros na Terra também podem. Na verdade, é mais fácil para os que estão em espírito fazê-lo, pois Deus é espírito e o poder também é espírito. Teoricamente, não existe qualquer motivo pelo qual eu, quando morrer, não deva continuar meu trabalho de cura nessa oportunidade, do outro lado da cerca, trabalhando talvez com um pastor terreno da nova geração.

Guias Espirituais
Não quero ser moderado nos meus elogios às grandes conquistas alcançadas pelo movimento espírita na Grã-Bretanha, particularmente no que tange à cura e ao ensino; mas devemos admitir que existem duas faces no espiritismo. Há, por exemplo, uma espécie de esnobismo relacionado com os "guias espirituais",

39

e estamos todos familiarizados com os guias indígenas, chineses e egípcios. No último serviço espírita a que compareci, a oradora convidada fez uma interessante observação a esse respeito. "Vocês costumam tratá-los como cidadãos de segunda classe quando eles estão no seu mundo", disse ela, "mas ficam muito orgulhosos de tê-los como seus guias depois que eles morrem." Lembro-me também de uma carta insolente escrita ao editor de um jornal espírita. A pessoa que escreveu dizia que sempre havia achado que o seu guia era um certo chefe indígena, mas que recentemente vinha conversando com alguém que afirmava ter o mesmo chefe como guia. Como isso seria possível? Estarei sendo injusto ao pensar que essas pessoas teriam estado se gabando de suas ligações espirituais?

O editor que, acho, está cansado desse tipo de coisa, respondeu maravilhosamente à pergunta do leitor: "Com tantos chefes indígenas à nossa volta, o que terá acontecido com os índios comuns?"

Existem, é claro, muitos espíritos amigos que pertenceram a essas raças altamente evoluídas. Estou me referindo, naturalmente, à evolução espiritual e não à tecnológica. A prova do seu progresso espiritual está na quantidade dos que ainda servem à humanidade. Em sua maior parte eles o fazem anonimamente, sem serem vistos ou percebidos. Eles poderão tornar sua presença conhecida a alguns grupos organizados de cura, mas isso é para o nosso benefício e não para o deles, e só acontece quando lhes é solicitado. É por isso que os que não acreditam nessas pessoas provavelmente não terão motivos para mudar de opinião! Nós certamente achamos que o fato de estarmos conscientes dos membros invisíveis da nossa equipe representa uma grande ajuda para nós, embora só conheçamos cerca de meia dúzia deles. Um dos membros desconhecidos da nossa equipe enviou-nos uma breve mensagem de aprensentação: "Venho de uma terra de beleza, de esplendor e de música; meu coração está dolorido com as atrocidades do meu povo." Esse é um triste comentário a respeito do nosso mundo "adiantado" mas devastado pela guerra.

O serviço desses espíritos amigos é verdadeiramente de amor. Vêm-me à mente neste instante as palavras de uma antiga oração:

Ensinai-nos, Senhor, a vos servir como mereceis,
A dar e a não pensar em quanto custou,
A lutar e a não nos preocupar com as feridas.
A trabalhar e a não pedir nenhuma recompensa,
A não ser saber que estamos fazendo a vossa vontade.

Existem, naturalmente, muitos espíritos auxiliares que pertencem à nossa própria raça. A época de treva espiritual que envolveu este país por tanto tempo está passando, e um número muito maior de pessoas está seguindo o caminho do desenvolvimento espiritual. Nosso coração se aquece ao saber que o bom médico a que nos referimos anteriormente quis continuar seu serviço de cura, e que existem muitos como ele. Temos de dizer também que o lado dos espíritos de um grupo organizado há muito tempo provavelmente conterá membros que antes estavam ativos do lado físico e que, depois de morrerem, simplesmente mudaram de posição na equipe.

5

"A MORTE NÃO EXISTE!"

Outra coisa triste que ocorre na nossa época é que, embora os chamados fatos da vida sejam ensinados a todas as nossas crianças e, teoricamente, sejam conhecidos por todas as pessoas, os fatos que têm relação com a morte não são mencionados. A conseqüência disso é que existe uma grande ignorância com relação ao final desta vida física. A ignorância é um campo bastante fértil para o medo, e muitos dos nossos contemporâneos têm medo de morrer.

O Medo do Câncer
Existem muitas coisas lamentáveis que derivam do que acabei de dizer. O que mais me incomoda é a conspiração de silêncio que envolve as doenças incuráveis, especialmente o câncer. Há um padrão familiar com que me deparei inúmeras vezes no meu trabalho de cura. Bill Smith, na falta de um nome melhor, um dos meus paroquianos, está internado no hospital. O câncer não é operável e os médicos têm uma conversa com a família. Como ocorre geralmente nesses casos, é decidido que nada deve ser contado a Bill e, desse modo, cria-se um abismo entre ele e sua família, exatamente na ocasião em que deveriam estar bem próximos. O caso de M., uma senhora que era membro de um dos nossos grupos, foi bem melhor. Um início de câncer fora combatido, o que lhe permitira trabalhar por mais cinco anos. Mas,

desta vez, nada podia ser feito. Discutiram o assunto em família, e ela decidiu deixar o hospital, preferindo morrer na sua própria cama.

Na noite seguinte, fui chamado, pois sua hora estava próxima. Quando entrei no quarto ela estava sussurrando sem parar, incoerentemente, devo admitir, mas consegui captar o suficiente para perceber que ainda estava tentando ajudar outras pessoas. Coloquei minhas mãos sobre ela e disse: "Vamos, M., já está na hora; seus amigos estão esperando por você e está na hora de partir." Ela desfaleceu suavemente sob as minhas mãos. Desci e disse à família que ela havia partido. "Isso é bom", eles disseram. Não houve pranto nem lamentos. Eles sabiam onde ela estava e com quem estava; não havia necessidade de lágrimas. É desnecessário dizer que o medo da morte é um grande obstáculo à cura. Todo tipo de medo é um inimigo do espírito. Ele cria uma espécie de "campo de força" de vibrações cinzentas que bloqueiam os raios da cura.

Diz-se que "a fé perfeita expulsa o medo". Isso provavelmente é bastante verdadeiro; mas quantas pessoas possuem a fé perfeita? O riso é uma alternativa mais simples. Certamente, ele pode ajudar a resolver o problema da cura, pois a vibração do riso rompe e dispersa o campo de força cinzento do medo. Contudo, a não ser que o medo em si seja eliminado, a rede cinzenta poderá se formar novamente.

Como o medo é causado pela ignorância, nosso propósito é o de transmitir o conhecimento e a informação, fazendo com que o desconhecido se torne conhecido. Vamos lidar com fatos, e o fato mais importante nessa conjuntura é o título obscuro deste capítulo: A morte não existe. Nós estamos realmente nos referindo à vida, ou melhor, a duas espécies de vida.

A Vida Material e a Vida Espiritual

Quando digo vida material quero me referir a este corpo de carne e de sangue, de ossos e de nervos. Como a Bíblia e os serviços fúnebres nos lembram, ele vem do pó e ao pó retornará. Em outras palavras, meu corpo é uma parte integrante do planeta Terra. Como tal, compartilha as maravilhosas economia e harmonia da Terra, onde nada jamais se perde, onde nada é estático. As coisas crescem e se deterioram através de um harmonioso movimento cíclico. As árvores crescem, extraindo seu alimento do solo. Quando tombam e se decompõem, nutrem o solo no qual se encontram, para que outras árvores possam crescer. O movimento cíclico pode ser descrito como para cima, para os lados e para baixo. Nosso corpo, por ser terreno, segue esse padrão. Crescemos, atingimos o apogeu, e depois descemos. A Terra torna-se terra: as cinzas voltam a ser cinzas; o pó volta a ser pó. Podemos predizer o período de vida das coisas terrestres. Alguns insetos vivem apenas algumas horas. As árvores acompanham sua espécie e os carvalhos têm um ciclo mais longo do que o das coníferas. O ciclo do corpo humano, no que diz respeito à Bíblia, tem uma extensão de setenta anos, três vintenas mais dez, do nascimento até a morte.

Voltamos então à vida espiritual e, mais uma vez, encontramos um padrão cíclico, porém, desta vez, a direção é inversa. A centelha divina, o espírito que é o meu eu *real*, procede de Deus para baixo, e depois retorna num curso ascendente. Em outras palavras, existe uma queda, a partir de Deus, seguida de uma ascensão na direção de Deus. O tempo necessário para a conclusão desse ciclo não pode realmente ser medido pelos nossos padrões de tempo, mas ele é certamente de milhares de anos!

Isso o surpreende? Não deveria. Deveria ser algo de que você já tivesse conhecimento desde quando estava no colo da sua mãe — embora seja bem possível que, naquela época, você conhecesse mais a respeito da vida do que sua mãe. Existe uma forte teoria que diz que uma criança tem conhecimento do que aconteceu antes, e que esse conhecimento é rapidamente sufocado quando ela começa a explorar o seu meio ambiente. Alguns amigos nossos tiveram uma interessante experiência com relação a isso. Eles estavam falando sobre a morte quando o filhinho de três anos "se meteu na conversa" e disse: "Quando a gente morre nem tudo morre; Deus fica com um pouquinho e o usa de novo."

E isso saiu da boca de uma criança . . .

Assim, o meu eu real é espírito, e estou empreendendo uma jornada. Nesta jornada, adquiro experiência e sabedoria; cresço em estatura espiritual. Meu objetivo é completar a jornada e retornar para o meu lar original. O espírito do ego deseja união com Deus. Deus é espírito — o oculto busca o oculto, e "nossas almas estão inquietas até encontrarem repouso em Ti".

A Reencarnação

Na presente etapa da nossa evolução estamos vivenciando a vida na Terra. Estamos aprendendo as lições que a vida, aqui, pode nos ensinar, e transmutando esse conhecimento numa sabedoria espiritual que nos levará para mais perto de Deus.

Quanto tempo isso vai levar, depende até certo ponto de termos consciência de que temos de fazê-lo e prosseguir nesse caminho, mas isso leva bem mais tempo do que a vida cíclica na Terra permite em uma única vez. Em outras palavras, temos que viver na Terra algumas vezes e, a cada vez que para aqui viermos, temos que criar à nossa volta um corpo material que só dura, em média, os setenta anos citados na Bíblia. Isso se chama reencarnação, um conceito que não está muito em voga no nosso mundo ocidental, onde se acredita que se vive apenas uma vez na Terra. Novamente, precisamos usar nosso bom senso. A teoria de que vivemos apenas uma vez nos leva a pensar que a vida está cheia de desigualdades — e muitas pessoas responsabilizam Deus pelas injustiças da vida. Vamos examinar alguns exemplos.

Observemos uma vida de pobreza ignóbil, especialmente se é a de uma boa pessoa que é pobre, ao passo que em volta os canalhas parecem prosperar.

Se tivermos a reencarnação em mente, podemos imaginar motivos para a existência de uma vida de pobreza. Certamente, uma experiência completa da vida deverá incluir a experiência de sermos pobres e famintos. Temos muito a aprender com essa experiência. Esse é um teste que exigirá grande coragem da nossa parte e, se conseguirmos ultrapassá-lo, a alma será bastante fortalecida. Eu me referi, porém, à pobreza ignóbil, e pode ser que o rigor da experiência seja devido a termos lidado de uma maneira imperfeita com isso numa vivência anterior. Talvez, na nossa última vida, tenhamos sido ricos e não tenhamos aprendido as grandes lições que a riqueza pode nos ensinar. Podemos facilmente imaginar que Maria Antonieta ("se não há pão, que comam bolo" — disse ela quando a informaram da situação de penúria em que vivia o povo), pode ter nascido como uma pobre camponesa na vida seguinte.

Pensemos também na "morte prematura". Como reagimos quando uma criança ou uma pessoa jovem morre? Dizemos que é trágico? Um terrível desperdício? Dizemos: "Como pode um Deus de amor permitir que tal coisa aconteça?" Uma morte prematura é sem dúvida frustrante, mas apenas no sentido do tempo que foi perdido. Podemos encará-la como semelhante à experiência de um garoto de colégio que, por ter se contundido num jogo de futebol, perde suas provas e tem de esperar o período seguinte.

Na verdade, todo o assunto relacionado com a reencarnação pode ser comparado à nossa ida para um internato. A vida na Terra é como o colégio no qual somos internados. No final de cada período, temos um intervalo em que vamos para casa, quando assimilamos e avaliamos o que aprendemos. Durante esse tempo, planejamos qual deverá ser o nosso próximo grupo de estudos, que cursos teremos que repetir, quais os novos cursos que deveremos seguir, quais os testes e experiências que teremos que vivenciar, e assim o padrão da nossa próxima vida é estabelecido. O que acontece é que, quando renascemos, além da necessidade de passarmos novamente pela infância etc., não temos nenhuma recordação consciente sobre o que devemos fazer ou sobre o que fizemos anteriormente. Existem exceções, naturalmente. Se pudermos perceber a verdade sobre a vida — que somos espírito — e que essa etapa material é apenas um episódio, então podemos desenvolver uma percepção espiritual sobre a finalidade desta encarnação em particular e, talvez, recobrar algumas lembranças de episódios passados. Isso, na verdade, ocorre com mais freqüência do que as pessoas imaginam, mas é muito comum essas lembranças não serem reconhecidas como tais.

Uma amiga minha mudou-se para as instalações de uma antiga casa e soube, de maneira psíquica, que havia vivido naquela casa numa vida anterior. Perguntei a um dos nossos espíritos amigos se seria proveitoso para ela conhecer as circunstâncias daquela vida passada, e ele me disse abruptamente: "Não!" Isso parece indicar que nem sempre é prudente forçar o conhecimento de vidas anteriores. Elas poderão causar mais mal do que bem.

Houve época em que a crença na reencarnação fazia parte dos ensinamentos cristãos, mas isso infelizmente foi eliminado, e hoje o cristianismo é a única grande religião que não pode oferecer aos seus seguidores um ensinamento equilibrado sobre a vida. Existe uma história escocesa que ilustra bem esse fato. Depois de um enterro, a viúva perguntou ao pastor se *havia* vida depois da morte. "Só podemos ter esperanças", ele respondeu. E ela lhe disse: "Que se dane a esperança; o senhor é pago para saber." Isso é muito verdadeiro. Eu gostaria de insistir com o leitor, cuja mente repudia a reencarnação, que estude o assunto. Qualquer biblioteca pública tem livros suficientes para que possa começar, e alguns dos que são mencionados no final deste livro também poderão ser úteis.

Um último ponto diz respeito ao estranho fenômeno das crianças-prodígio, crianças cuja perícia matemática ou musical é totalmente desproporcional aos seus poucos anos de vida. Parece-me que a explicação mais razoável para isso é que elas estão de algum modo reunindo duas vidas, praticamente prosseguindo de onde a última parou. Parecem ter sido tomadas providências para que elas nascessem em famílias dispostas a estimular suas aptidões e com condições para fazê-lo.

Não faz sentido nos aprofundarmos no assunto da reencarnação num livro cujo tema fundamental é a cura. O que estamos tentando determinar no momento é que *esta* vida, *neste* corpo, apesar de essencial, não é a *única* que importa.

Sabemos que estamos neste corpo por um tempo limitado e que um dia teremos de deixá-lo. Não devemos ter medo desse dia ou dessa partida.

Imagine um homem que usa um carro para suas viagens. Ele cuida do carro; leva-o para o conserto quando está com algum defeito; e poderá apreciá-lo muito e desejar tê-lo por longo tempo. Poderá, contudo, ocorrer um acidente no qual o carro sofra, como se diz, "perda total". Mesmo que isso não aconteça, chegará a ocasião em que, depois de sofrer o desgaste normal, o carro terá que ir para o ferro-velho. O homem então o deixará lá e comprará outro carro. Nós abandonamos nossos corpos quando eles "morrem", mas não morremos com eles. O que é importante é a jornada e não o veículo. Embora tenhamos a obrigação de cuidar do nosso veículo, o nosso corpo, não deveríamos temer a sua extinção.

Algumas pessoas espiritualmente evoluídas sabem quando seu corpo vai morrer, e elas tomam conhecimento disso bem antes do tempo. Isso lhes fornece a oportunidade de concluir suas tarefas, colocar seus assuntos em ordem, e assim por diante. Esse conhecimento não é acessível à maioria de nós porque não seríamos capazes de suportá-lo. Acho que é por isso que os médicos de Bill Smith relutaram em contar a ele que a sua hora estava próxima. Na verdade, não são apenas os médicos que enfrentam esse problema de "contar ou não contar". Os clarividentes e até as pessoas que tiram a sorte freqüentemente prevêem a morte. Meu amigo feiticeiro-médico africano tinha problemas terríveis por causa disso. Ele era um vidente natural e suas premonições com relação à morte eram sempre precisas. Ele nunca contava o fato para a pessoa envolvida, principalmente porque ele nunca conseguia pensar numa maneira segura de fazê-lo. Ele me contou, porém, que tentou certa vez convencer um amigo a ir a Londres de trem e não de carro. Não conseguiu ser suficientemente persuasivo e teve a certeza, quando seu amigo não seguiu o seu conselho, de que aconteceria um acidente e que o seu amigo iria morrer. Em determinada ocasião, ele compareceu a uma entrevista para um emprego e ficou consternado ao constatar que o funcionário do departamento pessoal que o estava entrevistando tinha cerca de seis semanas de vida apenas. Ele disse mais tarde: "Como poderia eu, um africano, dizer-lhe isso? Ele teria chamado a polícia e me acusaria de tê-lo amaldiçoado."

Essa habilidade psíquica era uma carga terrível para o meu amigo. Muitas pessoas, nos dias de hoje, parecem estar ansiosas por desenvolverem dons psíquicos. Elas talvez não percebam que verão e vivenciarão concomitantemente coisas más e coisas boas.

6

O QUE É A CURA?

O conceito de si mesmo, do seu eu real como espírito, deve ser firmemente compreendido antes que você possa desenvolver uma compreensão da arte de curar. Ele é a pedra fundamental sobre a qual o entendimento será construído.

Quando falo a respeito da cura, estou me referindo à cura espiritual. Você poderá ter ouvido falar em outros termos e ter se questionado se existem diferenças entre a cura pela fé, a cura divina, a cura pelo espírito e a cura espiritual.

Os jornais parecem preferir o termo cura pela fé. Para mim, este é um termo terrivelmente inadequado. Ele insinua que não há a necessidade de *conhecimento*. Sou completamente a favor de que conheçamos os comos e os porquês de todo o processo. A fé, provavelmente, é uma coisa útil, mas, se estiver baseada em falsas concepções, poderá ser prejudicial. É bem melhor quando o conhecimento é adicionado à fé. Como tudo o mais no universo, a cura está sujeita às leis da natureza e deveríamos procurar entender essas leis.

A cura divina é uma frase de igreja, provavelmente usada apenas para enfatizar que Deus é a fonte do poder de cura.

Cura pelo espírito? Creio que estou certo em dizer que esse termo é usado para lembrar que os espíritos amigos desempenham uma parte importante no processo da cura. Ele não contradiz a ênfase anterior, de que o poder emana realmente de uma fonte divina, mas lembra proveitosamente à pessoa que cu-

51

ra que ela não é tão esperta quanto, às vezes, possa se sentir tentada a achar que é. De vez em quando é necessário um pouco de dilaceração do ego, particularmente nos primeiros meses. Uma pessoa que cura deve se lembrar de que é apenas um canal, um veículo.

A cura espiritual, teoricamente, pode ter dois significados, o que possivelmente ocorre também na prática. Pode significar a cura que é oferecida nas igrejas espiritualistas. Existe a Federação Nacional de Curadores Espirituais, fundada por Harry Edwards, e desse modo a cura espiritual tornou-se uma espécie de termo técnico, talvez até com implicações exclusivas.

Eu uso a expressão no outro sentido, ou seja, que a cura espiritual é a cura do espírito pelo espírito. Isso naturalmente não é percebido, em geral, por aqueles que vêm para se curar. A sra. Smith, com sua artrite, e a senhorita Smith, que tem colite, estão apenas preocupadas em se livrar da dor e do desconforto e poderão se questionar por que o curador coloca suas mãos nas suas cabeças, quando o probema se encontra, para elas, evidentemente em outro lugar. Como normalmente começo a cura repousando minhas mãos suavemente sobre a cabeça das pessoas, considero proveitoso explicar que isso é para ajudá-las a relaxar. Isso na verdade é muito importante, pois a tensão age como uma barreira para os raios da cura, e tanto o receptor como a pessoa que ministra a cura devem estar relaxados para facilitar um fluxo harmonioso. Existem outras razões pelas quais a cabeça é um bom lugar para começar. Dois dos maiores centros psíquicos do corpo, os chakras, segundo o ensinamento oriental, estão situados na cabeça, de modo que ela é um ponto natural para começarmos. Além disso, é bastante comum que uma pessoa que esteja doente, ou até nervosa, tenha uma dor de cabeça ao ir a uma sessão de cura, e como é muito fácil nos livrarmos dela, por que não fazer isso primeiro?

Já me esqueci de como as dores de cabeça podem ser incômodas, embora tenha havido uma época em que eu sempre tinha aspirinas à mão, ainda que provavelmente não tivesse mais dores de cabeça do que as outras pessoas. Hoje em dia, se sinto algumas pontadas, eu lhes digo para irem embora, e isso acontece imediatamente.

Uma Simples Técnica de Cura

Aconselho, com freqüência, às pessoas que estão na dúvida se podem ou não efetuar curas, a se exercitarem procurando aliviar a dor de cabeça de alguém. Talvez você queira tentar. Vamos supor que alguém na sua família tenha chegado em casa com uma violenta dor de cabeça. Antes que ela tome algum remédio, pergunte-lhe se você pode tentar curar a sua dor de cabeça. Se ela concordar, sente-a numa cadeira (uma cadeira comum de espaldar reto servirá), e peça-lhe que relaxe, talvez respirando profundamente algumas vezes. Fique atrás dela e também relaxe. Ofereça uma oração silenciosa: "Use-me, ó Senhor, como um canal para vosso espírito de cura, e faça com que esta dor de cabeça se dissipe."

Coloque suas mãos gentilmente sobre a cabeça da pessoa (nunca seja uma pessoa que cura de mãos pesadas). Uma posição alternativa é ficar ligeiramente mais para um lado da cadeira para que você possa colocar uma das mãos sobre a fronte da pessoa e a outra sobre a nuca. Continue a relaxar e não pense na possibilidade de fracassar ou de fazer papel de tolo. Depois de mais ou menos um minuto, comece a usar sua imaginação. Imagine que a dor está sendo puxada para as suas mãos, que ela está deixando a cabeça da pessoa e que está penetrando nas suas mãos. Levante suas mãos e visualize a dor se retirando. Sacuda as mãos ou agite os dedos para se livrar dela. Você poderá também imaginar que está efetivamente vendo a dor de cabeça, talvez sob a forma de uma teia de aranha cinzenta que esteja envolvendo a cabeça da pessoa. Pegue-a totalmente de forma gentil e jogue-a fora. Isso terá levado, digamos, três minutos. Retire suas mãos e pergunte se alguma coisa aconteceu. O receptor provavelmente responderá numa voz surpresa: "Bem, parece que passou", mas possivelmente acrescentará que ainda dói na região das têmporas. Repita o processo, concentrando-se nessa área. Você também poderá tentar ordenar à dor de cabeça que vá embora. Eu explicarei esse processo mais tarde neste livro.

Como resultado, você poderá ter ou não eliminado a dor. Se ela tiver desaparecido, você se sentirá enormemente encorajado e começará a pensar seriamente em se dedicar à cura. Se ela não tiver sumido, você naturalmente se sentirá desapontado. Pense, porém, sobre o ocorrido, durante um minuto. Você tentou fazer uma coisa que pouco tempo antes você talvez houvesse classificado como um milagre. Você está realmente surpreso por não ter conseguido o que queria logo da primeira vez? Não estaria você ou a sua cobaia criando alguma espécie de barreira, consciente ou inconscientemente? Vale a pena verificar se suas mãos estavam mais quentes ou mais frias do que o normal. Com freqüência isso é um sinal de que o poder de cura está presente.

7

O CORPO ETÉRICO

Vamos introduzir aqui um conceito que talvez você não tenha se deparado anteriormente, ou que tenha reservas e até dúvidas. Peço, porém, mesmo que seja apenas para preservar a unidade do livro, que assimile cuidadosamente esta seção sobre o corpo etérico. Ela esclarecerá uma série de pontos que já foram mencionados, mas não completamente explicados, e será também um importante ponto de referência.

O corpo etérico pode ser mais simplesmente compreendido como sendo uma duplicata do corpo físico. Por esse motivo ele é com freqüência chamado de "duplo" etérico. Imagine que você está vestindo um traje bem colado à sua pele feito de uma malha bem fina, que acompanha todos os contornos do seu corpo.

De que ele é feito? O corpo etérico é, na verdade, um sistema de tensões eletromagnéticas. Ele é energia. A notável série de fotografias tiradas pelos Kirlians, que mostram uma luminosidade que se irradia das bordas das coisas vivas e que são consideradas, quase sempre, como fotografias da aura, estão provavelmente mostrando as bordas dos equivalentes etéricos dos objetos físicos.

O corpo etérico cresce com você e permanece uma parte inseparável sua até que seu corpo morra. O corpo etérico parte, então, e algumas vezes consegue ser visto por médiuns. O corpo etérico é considerado como o veículo do espírito, pois eles vibram na mesma freqüência. O corpo etérico é mais do que apenas uma roupa grudada à pele, não é apenas uma cobertura: ele permeia todo o corpo físico. Todas as partes do corpo físico possuem o seu equivalente etérico. Isso explica a extraordinária diferença entre um corpo vivo e um corpo morto. Um corpo morto é diferente, não apenas para os sentidos do tato, da visão e do olfato, mas de muitas outras maneiras. Quando o etérico parte, a vida parte.

Um corpo envelhecido que morre adequada e tranqüilamente, freqüentemente morre "dos pés para cima". Os pés ficam frios e sem vida, depois as pernas etc. Isso pode ser desagradável de ser visto ou sentido se não soubermos o que está acontecendo. Mas, se tivéssemos a visão psíquica, veríamos o corpo etérico separando-se vagarosamente do corpo físico, "dos pés para cima".

O etérico não apenas permeia o corpo físico mas também o alimenta. Não com sustento material, comida e bebida, mas com as energias da vida, as energias espirituais. Desse modo, quando dissemos anteriormente que na cura através da cor, os raios filtrados são absorvidos, quisemos indicar que são absorvidos pelo "campo de energia" que é o corpo etérico.

Quando falei de absorver a força natural do Sol, da Terra, das árvores, das flores etc., quis dizer que esse poder é também absorvido como raios de energia pelo corpo etérico.

A pessoa que mencionei envolvida por belos raios cor de ametista, estava recarregando seu corpo etérico.

É o corpo etérico, espiritual, que está envolvido quando realizamos uma sessão de cura. É por isso que a cura funciona. O lado espiritual da vida, e isso inclui o que eu chamo vagamente de poder espiritual, e também aqueles a quem chamo de espíritos amigos, têm uma ligação direta com o seu corpo etérico.

Como o etérico permeia e, em certo sentido, duplica o corpo físico, a doença do físico se reflete no seu equivalente etérico. Assim sendo, ao curarmos o etérico, também curamos o físico, pois a cura do etérico se reflete no físico.

Irritações secundárias, como as que podem causar uma dor de cabeça, são principalmente irritações do etérico que se refletem sobre o físico, possivelmente sobre o sistema nervoso central. De modo que, quando você colocou as mãos sobre a cabeça do seu paciente e puxou a dor de cabeça para as suas mãos, você estava fazendo uma transferência do etérico dele para o seu, através de um simples processo de atração magnética. E quando você visualizou a dor de cabeça "como uma teia de aranha" e a recolheu e jogou fora, você o estava livrando de matéria etérica contaminada.

Mais uma vez estou correndo o perigo de simplificar excessivamente as coisas, mas pelo menos agora você entende, ou espero que você entenda, o que eu quis dizer ao afirmar que a cura é um processo natural, que segue as leis naturais. Talvez você também compreenda a minha declaração anterior de que qualquer pessoa pode praticar a cura, se assim o desejar, e que a crença de que a cura é um tipo especial de dom divino é errônea.

Vamos voltar ao início e fazer-nos a seguinte pergunta: "O que é um curador?" É uma pessoa que se preocupa com as pessoas. Alguém que possui uma profunda compaixão e um profundo desejo de ajudar os seus semelhantes.

Ele é religioso, pelo fato de acreditar que Deus é bom. Ele é alguém que, no seu fervoroso desejo de ajudar, oferece seus serviços, e mais ainda, oferece sua vida, como um canal, como um veículo, através do qual a cura pode chegar àqueles que dela precisam.

Ele buscará fortalecer seus vínculos com Deus. Através da prece e da meditação, ele buscará o seu próprio desenvolvimento espiritual — mas não em proveito próprio. O seu motivo para procurar o que há de mais elevado é altruísta. Humildemente, ele perceberá que, na verdade, é um receptáculo imperfeito.

8

A AURA

Assim como toda pessoa possui um corpo etérico, também possui uma aura. Aura e corpo etérico estão relacionados, mas não são iguais. A aura espiritual, como eu prefiro chamá-la, tem sido descrita como um campo magnético de vibração que envolve uma pessoa, do mesmo modo como a luz envolve uma vela ou o perfume envolve uma flor. A aura se irradia em todas as direções até uma distância que varia de poucas polegadas a alguns pés.

No que diz respeito à cura, existem quatro pontos importantes a serem observados em relação à aura:

(1) *A doença aparece na aura*. Existem muitas pessoas que conseguem ver a aura, embora eu deva confessar que não sou uma delas. Há alguns anos atrás um certo Dr. Kilner inventou uma tela através da qual pessoas com visão comum conseguiram ver auras. A partir daí, alguns médicos conduziram experiências com as "telas de Kilner". Os resultados experimentais alcançados tendem a apoiar as teses das pessoas com visão "psíquica", que dizem aparecer a doença na aura, usualmente como uma sombra ou como uma mancha escura. Essa sombra surge nos primeiros estágios da moléstia. Obviamente, essa é uma forma muito útil de diagnóstico precoce, e esperamos que essa investigação continue. Ela promete ser um campo de pesquisa bastante fértil.

(2) *Os raios de cura são absorvidos pela aura*. Como ocorre com o corpo etérico, a aura é fundamentalmente algo que vibra em freqüências mais elevadas do que as do corpo físico. Estas

podem ser melhor explicadas como vibrações de luz, pois a aura é, na verdade, um complexo de cores delicadas, suaves e iridescentes. Freqüentemente quando o curador toca alguém, sua própria aura se carrega com o tipo adequado de raio, na quantidade e na intensidade apropriadas, que então é transmitido à pessoa que está sendo tratada. É comum que todo o processo de transferência de energia superior para a aura do curador seja efetuado por um dos espíritos amigos.

(3) *O caráter de uma pessoa se revela através das cores, das dimensões e da intensidade da sua aura.* Assim, a aura da pessoa revela exatamente as virtudes e os vícios que vão formar a sua personalidade e o seu caráter. As pessoas que são piedosas, afetuosas e altruístas possuem auras grandes e brilhantes, ao passo que o egoísmo ocasiona a contração da aura e o escurecimento de suas cores.

Quando falei a respeito de pessoas que sofrem de depressão, mencionei uma espécie de carapaça que existe em volta delas e que funciona como uma barreira para os raios curativos. Como é normal que uma pessoa depressiva se volte para dentro de si mesma e tenha poucos sentimentos pelos outros, o que é realmente uma forma de egoísmo, na verdade é a aura escura e compacta que funciona como barreira. As pessoas virtuosas quase sempre possuem matizes dourados nas suas auras, e essa é a origem das auréolas nas gravuras religiosas, embora deva-se dizer que é mais provável que os santos deste mundo sejam aqueles que lutam contra as grandes desigualdades da vida e talvez em condições de privação do que os religiosos que vivem nos mosteiros.

Como a aura é um verdadeiro reflexo da nossa personalidade, ela pode, geralmente, mostrar que não somos o tipo de pessoa que pensamos, ou que gostaríamos que os outros pensassem que somos. De qualquer modo, quando abandonamos o corpo, a verdade a nosso respeito permanece; e essa verdade se revela no espírito. Se pudéssemos ao menos perceber que nossos verdadeiros eus estão bem visíveis aos que têm olhos para ver, talvez levássemos mais a sério nossos esforços para nos transformarmos em pessoas melhores.

Dizem que os membros do clero possuem matizes característicos nas suas auras. Tenho um amigo anglicano em Bellingham que certa vez contou-me uma história adorável a respeito de uma senhora idosa em Gales. Num domingo, o sermão da igreja fora realizado por um padre convidado, um australiano, que estava pedindo ajuda para uma missão pouco conhecida entre os aborígenes. Depois do serviço, essa senhora abordou o padre habitual e sussurrou: "Esse homem não é um verdadeiro padre." Ela foi tão insistente que o Bispo foi informado. Foram realizadas então discretas investigações e constatou-se que o australiano havia começado a receber uma educação teológica, mas que fora dispensado por desonestidade e que desenvolvera posteriormente um novo método de trapaça.

Quando perguntaram à velha senhora o que dera origem às suas suspeitas, ela respondeu simplesmente: "Ele não possuía a luz!" Ela talvez não soubesse o que era uma aura, mas sabia que uma luminosidade emanava do seu "verdadeiro" padre e que isso não acontecia com o falso.

Lembrei-me dessa história há alguns meses, quando eu passeava no *shopping* local. Eu não estava usando o colarinho clerical; na verdade eu estava vestindo uma roupa que comprara numa loja de saldos do exército. Foi novamente uma senhora idosa que passou por mim e disse: "Deus o abençoe, Padre." Na última parte do capítulo precedente, quando perguntamos: "O que é um curador?", foi para lembrar-lhe, e talvez também a mim mesmo, que uma pessoa que se dedica à cura deve estabelecer para si o padrão mais elevado possível. Ao ascender, seu caráter se transformará, e isso aparecerá na sua "luz".

(4) *As auras podem se fundir umas nas outras.* Esse contato entre auras é muito importante sob dois aspectos. A aura de uma pessoa que cura se expande à medida que ela se desenvolve,

e fica realmente grande quando está executando o ato da cura, passando a ter de três a quatro pés em todas as direções. Isso significa que quando essa pessoa fica perto de alguém, ela σ envolve com essa luz. O termo "imposição de mãos" é freqüentemente usado como sinônimo de "cura através do contato", mas, na prática, muitos curadores poderão não tocar em absoluto a outra pessoa, e simplesmente manter suas mãos a algumas polegadas do corpo dela. As auras estarão em contato, os raios de cura estarão passando de uma pessoa para a outra, e isso será suficiente.

Por outro lado, o contato áurico poderá funcionar de maneira oposta, e você poderá absorver vibrações sem as quais você poderia perfeitamente ficar. Isso ocorre com freqüência nos estágios iniciais do desenvolvimento, quando a aura está crescendo e se expandindo. Na próxima vez que você entrar numa loja cheia de gente, dê uma olhada nas pessoas que estão lá. Observe os inúmeros rostos contraídos, franzidos, sisudos. Rostos infelizes, rostos que mostram tensão e tristeza. Você caminha entre eles, com uma aura que está começando a crescer e de repente fica com dor de cabeça, ou tonto, enjoado, ou fraco. Uma das primeiras coisas que você tem que aprender é lacrar a aura. Algumas vezes nós chamamos isso de erguer as barreiras ou de nos embrulharmos. Isso envolve imagens mentais, uma atividade muito importante que tem muitas aplicações na cura. Imagine uma barreira em volta de você. O tipo de barreira mental que você edifica é em grande parte uma questão de escolha. Eu costumava me imaginar encerrado dentro de um muro com portinholas de ferro; outro dos nossos membros se imaginava totalmente envolvido por uma bolha protetora. Seja qual for a maneira que isso seja feito, o pensamento principal é que você está se isolando de todas as más vibrações. Você está se protegendo. Se não fizer isso, você estará procurando problemas.

9

A CURA PELO CONTATO: O GRUPO

Vou explicar agora o que acontece num grupo de cura. Talvez eu devesse ter incluído um capítulo com o título de "Como se Iniciar na Arte da Cura", mas vamos supor que você tenha mantido contato com um grupo que costuma se reunir regularmente para realizar sessões de cura e que recebeu um convite para comparecer a uma das suas reuniões. O seu primeiro problema, ou melhor, o meu primeiro problema, é que não existe um grupo típico de cura. Existem tantas maneiras diferentes de lidar com as coisas que tudo o que eu posso fazer é analisar o tipo de coisas que acontecem no nosso grupo de cura, e recomendar que você não se esqueça de que qualquer outro grupo poderá ser totalmente diferente.

Uma Típica Reunião de Cura

Vamos supor que você venha a um dos nossos encontros; o que acontece então? Bem, inicialmente nós nos encontramos numa sala na minha casa. Seria ideal que uma sala de cura não fosse usada para nenhuma outra atividade. Na prática, ela será provavelmente a sala de estar ou o saguão que é normalmente usado pela família e provavelmente estará contaminada por frustrações, irritações, tensões ou problemas que perturbaram a família durante o dia. Tudo isso deixa más vibrações na atmosfera da sala que deverá, portanto, ser desembaraçada das mesmas. A purificação física poderá ser feita através de um aspirador, da espanação e de uma arrumação geral. Isso deverá, se possível, ser feito bem antes da hora, e não se deverá entrar na sala desde cerca de uma hora antes. Durante esse tempo, alguns dos nossos espíritos amigos se aproximarão e farão uma purificação psíquica, eliminando as más vibrações.

À medida que nos aproximamos da hora combinada, os membros do grupo começam a chegar e ocorre então um coro de cumprimentos e uma conversa generalizada. Depois nos acalmamos. Temos que começar a nos sintonizar. Às vezes tocamos um disco, um tipo de música para elevar o ânimo. Alguns grupos cantam um hino e realizam a seguir uma prece. Acendemos uma vela, que queimará durante toda a reunião. Quando o ambiente fica mais calmo, podemos olhar para a vela e usá-la para concentrar nossos pensamentos na luz, no calor, no amor, e talvez na Luz do Mundo. Pensamos no motivo pelo qual estamos aqui. Ao fazermos isso, talvez devamos respirar profundamente, tanto para relaxar como para nos encher de luz. Quando isso acontece, nossas auras se expandem, talvez se fundam umas com as outras, e certamente crescem e brilham. Seremos ao mesmo tempo receptores e doadores de energia.

Como ainda precisamos de proteção contra os vultos sombrios, eu lacro a sala. Coloco barreiras mentais em volta de toda a sala, e possivelmente em volta de toda a casa também. Digo minha pequena prece silenciosa: "Ó Senhor, faça com que esta sala se encha com a vossa luz e com o vosso poder de cura, e que possamos servir àqueles que vieram procurar ajuda." Alguns dos nossos espíritos amigos estarão conosco, aqueles cuja tarefa é canalizar a luz e a energia, os que são versados na arte da cura, e os que devem nos proteger. Outros já estarão acompanhando as pessoas que vêm pedir para serem curadas na reunião dessa noite, talvez conversando com os espíritos que normalmente cuidam delas. Nenhum de nós está só; sempre temos um espírito ao nosso lado.

Ouve-se uma batida na porta; chega o nosso primeiro visitante.

É uma senhora que tem um mal interno e que brevemente vai ser hospitalizada para se submeter a uma difícil cirurgia. Nossa tarefa neste caso é dupla. Vamos tentar curá-la da enfermidade em si, mas também cuidaremos de transmitir-lhe mais força e um estado mental mais tranqüilo do que ela tem agora, pois ela está um pouco apreensiva com relação à operação. Esta senhora já veio até nós anteriormente e nós lhe dissemos o que estamos fazendo e ela já está menos temerosa do que da primeira vez.

Depois de alguma conversa generalizada, coloco uma cadeira no meio do semicírculo; sempre que possível gostamos de nos sentar em semicírculo. Ela se senta na cadeira e se acomoda. Peço-lhe para relaxar e olhar para a vela, se assim o desejar.

Fico atrás dela e ponho minhas mãos no seu ombro. Isso a ajuda a relaxar e sinto que a tensão gradualmente a está abandonando. Desloco então minhas mãos para a sua cabeça e torno-me consciente da minha respiração. Quando inspiro, imagino que estou inspirando luz e energia; quando expiro, vejo tudo isso fluindo para ela. O restante do grupo fica sentado e com tranqüilidade, provavelmente com os olhos fechados e com as mãos em concha ou com as palmas voltadas para a senhora que está sentada na cadeira.

Poderei ou não receber uma ordem mental de um dos espíritos curadores no sentido de que mova minhas mãos. Por exemplo, poderei ter vontade de colocar uma das mãos sobre os seus rins. Provavelmente ela dirá: "Oh, isso é agradável. Como o senhor soube que minhas costas estiveram doendo o dia todo?"

De qualquer modo, depois de cerca de cinco minutos, eu encerro. Faço alguns movimentos suaves nos seus ombros e depois nos seus braços, nas suas mãos e nos seus dedos. Na verdade, estou me livrando de matéria etérica excedente. O efeito do tratamento de cura é tão bom quanto um tônico, e a senhora se sente bastante revigorada. Quando ela se levanta da cadeira e vai se sentar no sofá, eu também limpo a cadeira com as minhas mãos e depois vou até a cozinha e lavo-as — tudo isso está relacionado com a eliminação da substância excedente que foi puxada para fora ou forçada a sair pela energia curativa que penetrou. Todos descansamos por cinco minutos, e o segundo visitante chega. Na verdade, eles são dois; uma senhora, que sofre de histeria, e seu amigo que a acompanha para dar-lhe apoio moral. É a primeira vez que eles vêm aqui. Seu único contato anterior comigo foi pelo telefone. "Alguém me deu o seu nome e eu pensei que talvez..."

Organizamos o horário de modo que eles chegassem enquanto a primeira senhora ainda estivesse aqui. Sabemos por experiência própria que a presença de outra pessoa que esteja do lado receptor, por assim dizer, pode ser muito útil para quem está vindo pela primeira vez.

Isso acontece neste caso, e a primeira senhora comporta-se de uma maneira bastante simpática e tranqüilizadora. Ela sai, então, e depois de mais ou menos dez minutos os recém-chegados começam a relaxar. Conversamos e fazemos perguntas a respeito dos seus ataques de histeria. Temos a nossa antiga inimiga, a depressão, acompanhada por um constante tremor dos braços, como se ela estivesse tremendo permanentemente de frio. Talvez ela esteja.

Quando se senta na cadeira, ela sente bastante calor emanando das minhas mãos. Não estou consciente desse calor, e na verdade minhas mãos não estão quentes, mas ela as sente assim. Esse é um fenômeno bastante conhecido na arte da cura. Há alguns meses, eu estava no lado do receptor e, quando uma pessoa do grupo colocou as mãos nas minhas costas senti que estavam tão quentes que pareciam abrir buracos através de mim. Não era doloroso ou de maneira alguma penoso (o poder de cura jamais causa danos), mas o calor era intenso. A pessoa que estava ministrando a cura normalmente tinha consciência desse calor nas suas mãos, ao passo que isso nunca ocorre comigo. Existem muitas variações no processo da cura, devido em grande parte à atividade dos nossos espíritos amigos, que estão sempre ativos, embora a "sensitividade" da pessoa que cura também seja um fator importante.

Permanecemos um longo tempo com essa senhora que sofre de depressão nervosa. Os tremores cessam quando ela está na cadeira, mas recomeçam quando volta para o sofá. Como já mencionei é muito difícil combater a depressão.

Nossa terceira visitante também sofre de depressão, e estou bastante contente com o fato de os outros terem saído antes dela chegar, pois sua melancolia é muito profunda. Ela teve uma semana horrível.

Vagarosamente, eu lhe falo de coisas sobre as quais já falei antes; faço-a recordar que, quando começou a vir até nós, todos os dias da semana eram negros. Então, numa determinada semana, ela teve um dia bom. Depois de algum tempo, passou a ter dois ou três dias agradáveis por semana. Eu tinha lhe dito que quando tivesse quatro dias bons numa semana, haveria um saldo positivo de dias bons.

Hoje tenho que lembrá-la de que a cura da depressão é, com freqüência, um caso em que damos dois passos para a frente e um para trás. Faço-a lembrar da maré que sobe à beira-mar. Ela avança e depois recua, aparentemente derrotada. Esse recuo, porém, também representa uma concentração de forças para a próxima investida, e dessa vez ela consegue avançar um pouco mais. Finalmente, depois de muito ir e vir, ela chega aonde queria chegar. Existem ocasiões em que todos nós precisamos ser lembrados dos ritmos da vida, do fluxo e refluxo das forças vitais, e acho esse exemplo da maré particularmente útil.

Essa terceira senhora é nosso último visitante da noite e, quando vai embora, nós relaxamos. Foi um trabalho fatigante e ainda nos sentimos cansados durante algum tempo. Mas logo nos recuperamos. De qualquer modo, ainda não terminamos, pois temos algumas curas à distância para realizar. Um dos nossos membros nos mostra cerca de uma dúzia de fotografias. São fotos de pessoas que nos escreveram e a quem nós respondemos pedindo que enviassem uma fotografia. Considero-as muito úteis; não sei bem por quê, mas um retrato sempre tem alguma coisa da pessoa que ele representa. Isso o torna um vínculo bastante proveitoso. Ele também nos fornece um rosto que podemos visualizar, o que também é muito útil, especialmente porque a maioria das pessoas tentam parecer felizes quando são fotografadas e é exatamente assim que as queremos ver.

Somos um grupo indisciplinado e, embora as fotografias já estejam à mostra, ainda estamos batendo papo. A senhora que cuida dos retratos nos conta a respeito de alguns telefonemas que recebeu de algumas dessas pessoas, fazendo um relatório do seu progresso, e todos foram positivos esta semana. Enquanto tudo isso está acontecendo, outro membro do grupo, que tem poderes psíquicos bastante desenvolvidos, vê um dos nossos espíritos curadores em pé, ao lado das fotografias, com suas mãos erguidas numa bênção. Quando ela menciona isso, nos acalmamos e sentamos, concentrando-nos num dos rostos de cada vez, e enviamos vibrações de cura, pois esse era o propósito de A., nosso espírito amigo, quando permitiu que o víssemos. Ele quis nos lembrar, delicadamente, que devíamos prosseguir! A médium não apenas viu A., como também "ouviu" a prece que ele estava "dizendo" e depois a escreveu. Ela é assim:

Em nome de Deus o Pai e o Espírito Santo,
que a água da cura possa fluir ao seu redor para sempre e
envolver todos os corpos que sofrem e que vejo diante de
mim, e eu peço a Deus que ajude a passar o fluxo de cura
em torno de cada um através das minhas mãos.

Nossa sessão está agora se aproximando do fim. Deveríamos encerrar com uma prece de ação de graças, mas não somos tão formais quanto outros grupos. Mesmo assim, somos gratos pelo privilégio de estar num grupo de cura. Fazemos um bule de chá e temos muito para conversar. Temos de falar sobre as impressões que recebemos durante o processo de cura, sobre os nossos pensamentos, sobre esse e aquele visitante. Precisamos conversar sobre novas idéias que poderemos aproveitar da próxima vez. Cada reunião é diferente. Há sempre algo novo. Com bastante freqüência, as coisas não saem da maneira como planejamos, mas é sempre maravilhoso. Às vezes, esquecemos de lacrar nossas auras antes de sair, mas nossos espíritos amigos parecem cuidar disso para nós.

Depois que saímos, alguns espíritos amigos desconhecidos, coletores de lixo, como poderíamos chamá-los, chegam e retiram da sala todos os resíduos de substância etérica, todas as vibrações de tristeza e depressão, e a sala volta a ser usada pela família no dia seguinte.

Embora essa seja a descrição das atividades de um grupo particular de cura, é preciso que se saiba que não existem regras rígidas com relação ao método a ser seguido. Muita coisa depende do local onde o grupo se reúne.

Se as sessões de cura são realizadas numa igreja, seja no próprio altar ou na sacristia, o ambiente terá certa influência na maneira como a reunião será organizada e conduzida. Uma das grandes desvantagens do encontro que descrevi anteriormente é que nós usamos só uma sala. Quase sempre é bastante útil ter duas salas; uma sala de espera e uma sala onde são realizadas as sessões. Temos de confiar num horário e cuidar para que as pessoas não cheguem antes ou depois da hora combinada. Isso muitas vezes não funciona, e em determinadas ocasiões temos a sala cheia de pessoas. Se for possível, é melhor evitar que isso ocorra.

É evidente que o líder tende a influenciar o grupo. Um pastor poderá querer conduzir a sessão de cura sob a forma de culto, com hinos e orações, e com as pessoas se aproximando uma de cada vez para serem curadas, como se aproximariam para receber a hóstia e o vinho na Eucaristia. Um terceiro fator de influência está no grupo de origem. Há grupos que se originam de outros grupos e poderão querer agir da forma como estavam

69

acostumados. Por outro lado, eles poderão querer fazer as coisas de modo diferente. Em qualquer dos casos, os métodos usados no grupo de origem serão levados em consideração.

Métodos, procedimentos e rituais não são realmente importantes. O que realmente importa é que todos os membros estejam contentes com o sistema e se sintam à vontade. De qualquer modo, sempre existirão mudanças e adaptações, à medida que o grupo se transforma numa equipe e passa a representar uma força efetiva de cura. Formas melhores de procedimento aparecerão espontaneamente de tempos em tempos. Ocorrem também mudanças nos componentes do grupo: algumas pessoas se afastam, outras são convidadas a ingressar na equipe, o grupo poderá ficar grande demais e se dividir em dois; enfim, tudo isso poderá ocorrer. A cada mudança, a dinâmica do grupo se alterará e os membros "mais antigos" deverão ser suficientemente flexíveis para se adaptarem à nova situação.

Evite as Atitudes Negativas

Se alguma coisa não vai bem dentro do grupo, como um choque de personalidades, por exemplo, o líder terá um problema. Ele deve ser suficientemente forte para levantar abertamente a questão. Qualquer sensação de ressentimento, de mágoa, ou de qualquer outra atitude negativa dificultará enormemente as atividades de cura e portanto deve ser discutida. Os membros de um grupo de cura se tornam muito íntimos uns dos outros e, à medida que o relacionamento se aprofunda, poderão surgir diferenças que não estavam visíveis na superfície. Ocorre, algumas vezes, que a única coisa sensata a fazer é suspender as atividades durante algum tempo, e em casos graves de desavença poderá ser melhor dispersar completamente o grupo.

Vale a pena ter em mente que a composição do grupo é muito importante. Os membros têm que estar *en rapport* uns com os outros. É comum que um grupo seja composto principalmente por membros da mesma família.

Procurando por um Grupo

Sugeri anteriormente que se você estivesse interessado na cura, talvez fosse útil tentar descobrir um grupo e pedir para participar de algumas reuniões. Se você fizer isso, esteja preparado para um exame minucioso da parte do líder, no que diz respeito às suas razões e aos seus motivos. Esteja preparado para uma recusa. É possível que você não se adapte ao grupo. Talvez eles tenham tido algumas mudanças recentes nos componentes e estejam com necessidade de se firmar antes de abrirem uma vaga para um recém-chegado, até mesmo para um observador. Talvez as idéias transmitidas neste livro, que até certo ponto possam ter se tornado suas idéias, sejam totalmente inaceitáveis para o grupo do qual você se aproximou. Podem existir inúmeras razões pelas quais sua aproximação de um grupo de cura não seja produtiva. Talvez você deva simplesmente ficar procurando à sua volta até que encontre um que lhe seja adequado. Você pode também começar um grupo na sua própria família e com seus amigos. De uma coisa você pode estar certo: se quiser se dedicar à cura, certamente encontrará uma maneira. Os seus espíritos amigos farão com que isso aconteça.

Talvez ao descrever as atividades de um grupo estabelecido de cura eu tenha começado do lado errado do cenário. Existem atividades mais simples de cura que talvez sejam mais adequadas para iniciantes e elas serão abordadas no seu devido tempo.

"Vultos Sombrios"

Antes disso, porém, tenho de me reportar à descrição de um encontro do nosso grupo e explicar a respeito dos "vultos sombrios".

Você talvez se lembre de que essa expressão surgiu quando falei sobre a vedação ou a proteção da sala de cura. Enchemos o local com luz e não damos hospitalidade aos "vultos sombrios".

Estou me referindo a espíritos que podem causar danos ou fazer maldades. Nosso grupo de origem sempre se referia a eles co-

71

mo entidades, de modo que fazemos o mesmo, mas pode ser que você já tenha se deparado com termos como "almas perdidas" ou "espíritos presos à Terra". A explicação desses termos simples, que significam praticamente a mesma coisa, está longe de ser simples, mas já foram ditas coisas suficientes até o momento que me permitem introduzir tais explicações neste ponto.

Quando alguém morre de morte natural, de forma delicada e tranqüila, ele (ou ela) perde gradualmente a consciência deste mundo e se torna consciente do mundo dos espíritos. Isso poderá se estender por um período de dias ou até de semanas. No lado dos espíritos, existe uma conscientização de que a morte está próxima, embora eles prefiram pensar nisso como um nascimento em outra dimensão, e são feitas preparações, do mesmo modo como nos preparamos para o nascimento de um bebê. Parte dessas preparações é formada pela reunião de amigos e conhecidos que ajudam na transição. A pessoa que está "morrendo" toma consciência dos que estão presentes em espírito, e essa consciência cresce à medida que o corpo etérico afrouxa a sua pressão sobre o físico. Quase sempre, a pessoa que está morrendo acordará e dirá àqueles que estão sentados à beira da sua cama, "estive conversando com o Tio Tom". Ou talvez fique com um olhar pasmado quando "vê" alguém que pensava que não iria ver nunca mais. Quando exala o último suspiro, ela poderá estender os braços e sorrir.

Essas são experiências comuns e, se você discuti-las com seus amigos, descobrirá, em muitos casos, que existem variações desses temas. O que ocorre efetivamente é que quando o espírito deixa o corpo, e quando o "cordão prateado é cortado", a pessoa é abraçada e seguramente "transportada". Na linguagem habitual, ela foi da Terra para o céu.

Terra de Ninguém

Quero permanecer com essas antigas palavras por um momento. Podemos transportar alguém por cima de alguma coisa, um riacho, talvez, ou um caminho lamacento. Podemos pensar na Terra como estando de um lado e o céu do outro, com uma espécie de linha divisória no meio. Vamos transformar essa linha divisória numa fenda, uma fenda pela qual somos transportados por aqueles que vêm nos encontrar quando morremos naturalmente. Vamos chamar essa fenda de "terra de ninguém", e vamos dizer que é aí que os vultos sombrios, as almas perdidas e os espíritos presos à Terra vivem.

Estamos, na verdade, pensando em termos físicos. Na realidade, a terra de ninguém seria o segundo plano, o que está acima da Terra, que é o primeiro plano. Nós normalmente saltamos por cima, ou nos elevamos acima do segundo plano e vamos direto do primeiro para o terceiro. Entretanto, você deve se lembrar de que o segundo plano não é outro lugar, é simplesmente outra dimensão. Os habitantes do segundo plano ainda estão "na Terra", mas vibram numa faixa de freqüência superior, embora não muito superior. A frase "espíritos presos à Terra" indica que eles estão perto da Terra, mas em espírito.

Eles são invisíveis para nós, mas certamente existem. Algumas vezes nós podemos "vê-los", e o que vemos? Vemos um vulto sombrio. Voltemos às vibrações. Objetos materiais, como vimos, vibram em determinadas freqüências e, à medida que passamos aos planos superiores, as vibrações se tornam mais elevadas. Os olhos humanos foram projetados para registrar vibrações materiais e nós normalmente não detectamos nada mais elevado. Porém, a visão lateral do olho, que nós normalmente não usamos (preferimos olhar diretamente para alguma coisa e assim obter o melhor foco possível e registrá-la), capta vibrações numa freqüência ligeiramente mais elevada do que a freqüência material comum. A cor também entra na explicação, do escuro através do cinza, para o branco; a luminosidade. Um espírito que está próximo à Terra é relativamente escuro, ou pelo menos cinza. Pense bem: quantas vezes você já pensou ter visto alguma coisa com o canto do olho, mas quando você se volta para olhar de frente não consegue ver nada? O que aconteceu é que um espírito esteve perto de você. Alguém que está "morto" mas ainda está próximo à Terra e está conseqüentemente emitindo uma vibração cinzenta. Sua visão lateral captou essa vibração e você percebeu um vulto sombrio. Como você não tem certeza de ter visto alguma coisa, volta sua visão frontal naquela direção, mas essa visão frontal não consegue registrar essas vibrações ligeiramente mais elevadas, e você conclui que, como não consegue ver nada, ali não há nada que possa ser visto!

Incidentalmente, os ouvidos e os olhos de um cachorro captam uma maior amplitude de freqüência do que os órgãos humanos equivalentes. Os cachorros ouvem o som do apito de treinamento de cães que é inaudível para nós, e eles reagem com freqüência a vultos sombrios que nós não conseguimos enxergar.

Existem pessoas que ouvem além da audição normal, e existem outras cuja visão registra vibrações mais elevadas, e que conseguem ver os espíritos. Essa é uma forma de clarividência.

Um fantasma, na acepção comum da palavra, é uma coisa diferente. Fantasmas são vistos por pessoas que não são clarividentes e são vistos como tendo um corpo. É provavelmente o corpo etérico que de algum modo conseguiu captar energia de algum lugar para manter-se ativo, em vez de dissolver-se, como deveria.

Apesar de toda essa terminologia de vultos sombrios, fantasmas e espíritos, devemos nos lembrar de que eles são pessoas. Quando morreram, algo saiu errado e, em vez de realizarem uma transição tranqüila, ficaram presos à terra de ninguém. Lembre-se também de que o tempo, como o conhecemos, só se aplica a este mundo material, físico. Uma pessoa pode ficar presa à terra de ninguém por muitos anos, por séculos até; para elas, o tempo fica parado. Isso evidentemente interfere em sua evolução espiritual e existe um ramo extremamente especializado de cura com o qual estamos envolvidos, chamado de salvação espiritual, que se concentra em ajudar essas pessoas a saírem da terra de ninguém e continuarem sua jornada espiritual. Existem, naturalmente, muitos desses grupos que procuram salvar o que está perdido, mas é pouco provável que a maioria de vocês cruze com eles ou com seu trabalho.

Mencionei a salvação espiritual com o propósito de explicar que na cura sempre estamos lidando com pessoas, mas nem sempre no aspecto físico. Devemos examinar, agora, em primeiro lugar, por que algumas pessoas acabam indo para a terra de ninguém. Poderá ser útil observar as duas expressões anteriormente citadas, espíritos presos à Terra e almas perdidas, usando a primeira para descrever as pessoas que querem estar lá e, a segunda, para representar aquelas que não sabem onde estão.

Espíritos Presos à Terra

Existem aqueles que, quando morrem, não aceitam a morte. Não querem perder o contato com a vida terrena. Sua atenção está concentrada nas coisas da Terra. Eles não vêem, não reconhecem nem tomam conhecimento dos ajudantes espirituais; morrem lutando e, quando estão mortas, sua atenção ainda está presa à Terra. É possível, em determinadas circunstâncias, que um espírito ligado à Terra invada a aura de uma pessoa, como um vendedor que tenta segurar a porta aberta com um pé, para gradualmente alargar a abertura e insistir com o comprador.

Podemos ilustrar isso com um exemplo um tanto desagradável. Um alcoólatra reterá a sua ânsia pelo álcool mesmo depois de morto. Ele poderá recusar a ajuda das mãos que estão estendidas para ele do outro lado e procurar voltar à Terra para um outro trago. Isso ele não poderá fazer, naturalmente, mas no devido tempo, talvez ele encontre uma pessoa de temperamento semelhante ao seu e consiga se fundir com sua aura. O álcool tende a destruir a proteção natural das pessoas e a entidade ligada à Terra talvez consiga se aproximar o suficiente para poder obter uma espécie de satisfação indireta através da bebida ingerida por essa pessoa. Ela talvez consiga até chegar perto o suficiente para colocar na mente da pessoa o pensamento de que ela quer tomar outro gole, e outro, e outro. . .

Quase a mesma coisa pode ser dita a respeito das pessoas viciadas em drogas, e temos a situação aterradora na qual um alcoólatra ou um viciado "morto" poderá representar um fator que contribui para o vício de outra pessoa.

Note bem que já deve existir alguma fraqueza nessa pessoa. A porta tem que ser aberta para que o vendedor possa colocar o pé entre ela e o batente.

Você poderá estar pensando que ninguém no seu juízo perfeito chamaria espontaneamente a atenção de um espírito ligado à Terra, ou de uma alma perdida; contudo, muitas pessoas fazem isso. Considere um grupo de indivíduos que estejam brincando com uma prancha *ouija*. "Há alguém aí?", eles perguntam, tentando não dar risinhos. Que convite maravilhoso para uma entidade. Uma vez que esta tenha entrado, uma vez que tenha sido feito contato, como rompê-lo? A situação precisa ser manipulada por um especialista. Já tivemos mais de uma pessoa que nos procurou para obter a cura de um problema dos nervos, de maus sonhos, etc., e depois descobrimos que, talvez há anos, elas haviam estado envolvidas com uma prancha *ouija,* que algo aconteceu, e o pé ficou na porta.

Existe uma outra maneira de uma entidade poder ser convidada a entrar na sua vida, sem que você tenha qualquer parcela de culpa. Falei do desenvolvimento de suas qualidades espirituais e disse que a melhor maneira de fazê-lo é através da prece e da meditação. Porém, o iniciante sábio não procurará meditar sozinho. Ele se juntará a um grupo ou se colocará sob a orientação de alguém em quem possa confiar.

Um iniciante *é* vulnerável e precisa avançar com cautela. Vale a pena mencionar que existe uma diferença entre o desenvolvimento espiritual e o desenvolvimento psíquico. No desenvolvimento espiritual, a pessoa eleva sua atenção para Deus e procura uma união mais profunda com o Ser Supremo. O desenvolvimento psíquico poderá ter metas menos elevadas. A pessoa poderá desejar desenvolver a psicografia, a psicometria, ou até o poder de tirar a sorte, apenas para se divertir ou visando a autosatisfação. Essas situações são feitas sob medida para chamar a atenção de uma entidade, que será certamente capaz de satisfazer os seus desejos, mas que também poderá, com o tempo, usálo para satisfazer os desejos *dela*. Não quero assustá-lo indevidamente, mas numa época em que tantas pessoas parecem estar procurando emoções psíquicas, torna-se necessária uma palavra de advertência: o que importa realmente é o propósito. Se os seus motivos forem bons e puros, você estará em segurança.

Almas Perdidas

Almas perdidas são quase sempre aquelas cuja morte foi repentina e, algumas vezes, trágica. O soldado morto com o tiro de um inimigo poderá estar "vivendo" num mundo imaginário de trincheiras e de franco-atiradores. O suicida pode ficar tão envergonhado do que fez que não consegue enfrentar a Luz e aqueles que abandonou. O motorista morto num acidente poderá vagar pela terra de ninguém com uma cabeça dolorida sem saber que está morto. A jovem mãe que morreu com seu filhinho poderá estar procurando desesperadamente por ele. Não precisamos ter medo de uma alma perdida. Elas serão encontradas um dia, e neste ínterim, não farão nenhum mal a você. Pode acontecer que alguém que pratique habitualmente a cura leia o que foi dito e fique completamente confuso com tudo isso. Bem, é compreensível que isso ocorra. Os espíritos amigos de um grupo de cura lidam normalmente de duas maneiras com os vultos sombrios. Em primeiro lugar, cada equipe de espíritos amigos possui "guardiões" cuja função é garantir que as entidades não invadam o círculo de luz da cura. Em segundo lugar, existem sempre espíritos de salvação em volta daqueles que possam tentar se comunicar com qualquer entidade ligada à Terra ou alma perdida que seja atraída pela luz. Esses espíritos procuram persuadir essas entidades a irem para onde deveriam ter ido quando "morreram".

Possessão Espiritual

Quero tratar agora de dois pontos derradeiros. O primeiro diz respeito à possessão espiritual. Pode ter certeza que não é possível um espírito estranho tomar conta de qualquer pessoa que ainda esteja vivendo na Terra. O máximo que pode acontecer é que uma entidade consiga se aproximar o suficiente para colocar pensamentos na cabeça de alguém. Isso, porém, é interferir, e não possuir. A mediunidade de transe é outra situação difícil. Existem alguns curadores que "recebem" espíritos médicos, mas mesmo o transe mais profundo não significa que a pessoa esteja "possuída", pois não existe tal coisa. Não pode acontecer e não acontece.

"Espíritos Malignos"

O segundo ponto está relacionado com "espíritos malignos". Se levarmos em consideração que existem algumas pessoas bastante malvadas vivendo aqui na Terra, não será difícil imaginar que quando elas morrem poderão se recusar a ir para o local de luz e preferirem permanecer na terra de ninguém, onde podem encontrar outras pessoas da sua espécie (pois o semelhante atrai o semelhante no mundo do espírito).

Uma vez ali, elas são impotentes para interferir em você, em mim, ou em qualquer outra pessoa que esteja vivendo na Terra. Não temos nada a temer delas, a não ser que atraiamos sua atenção das maneiras descritas acima.

Os espíritos malignos, no sentido das forças do mal, de demônios, inimigos satânicos de Deus, podem ou não existir. Eu não gostaria de alterar sua crença com relação ao assunto, não importa qual seja. Se eles existem, então, provavelmente estarão envolvidos numa batalha cósmica bem distante de onde você está. Num determinado sentido, você não é suficientemente importante para atrair sua atenção. Mas, se algum dia você se encontrar numa situação em que sinta que o mal está à sua volta, lembre-se disso: o Bem é sempre mais poderoso do que o mal, e um pedido de ajuda trará proteção. Vença o seu medo e confie em Deus.

Parece que estamos nos envolvendo com situações difíceis e nos afastando do nosso assunto que é, lembre-se, cura pelas mãos. Mas não estamos realmente mudando de rumo. Quando chegarmos ao final deste livro, você terá, espero, aprendido bastante. Perceberá também que ainda existe muito que você não sabe, pois minha meta é espalhar um vasto feixe de luz sobre o assunto, em vez de concentrá-lo num único aspecto. Isso significa que você vai aprender um pouco sobre muita coisa, e não muita coisa sobre um pouco.

Na verdade, as coisas não podem ser de outro modo, pois minha própria experiência individual foi a de que estamos apenas arranhando a superfície da cura espiritual, e de que muito mais nos será revelado, quando estivermos prontos para receber o conhecimento. Aqueles que estão envolvidos com a cura no presente momento, ainda são pioneiros, e cada nova leva de curadores se beneficia da experiência dos que vieram antes. No nosso caso, as únicas limitações à cura são aquelas impostas pelas nossas próprias mentes e pela nossa própria imaginação.

10

A IMAGINAÇÃO CRIATIVA

Em diversas ocasiões pedi que usasse sua imaginação. Que visualizasse, ou retratasse alguma coisa em sua mente. Esse emprego criativo da imaginação é uma atividade muito importante na cura, mais particularmente no aspecto conhecido como cura à distância. Ela está ligada ao pensamento e, enquanto tentarmos manter o pensamento e a imaginação separados, se isso for possível, não teremos sucesso.

Desejo falar primeiro sobre a cura à distância, dividindo-a em três partes. Deve ser explicado que a cura à distância significa "enviar a cura" para alguém que não esteja fisicamente perto, e sim distante. A primeira coisa a ser entendida é que a distância em si não representa um obstáculo à cura. Você poderá "enviar uma cura" a alguém que esteja a dez mil milhas de distância tão fácil e eficientemente como para alguém que esteja do outro lado da rua.

A Cura em Grupo

A primeira parte é uma reflexão sobre um grupo de cura regular que combine a cura através do contato com a cura à distância. Você provavelmente se lembra que quando observamos a reunião típica de um grupo, houve um período em que "enviamos uma cura" para algumas pessoas cujas fotografias estavam em nosso poder. Quando um novo grupo começa a trabalhar, a cura à distância é provavelmente a sua primeira atividade. Eles "enviarão a cura" para qualquer pessoa que saibam estar doente. É possível que um menininho das redondezas esteja com leucemia. A maior parte do grupo talvez o conheça e possa fornecer aos outros os detalhes a respeito do caso. Depois de o grupo estar adequadamente reunido e a sessão aberta, o líder poderá fazer uma prece da maneira sugerida anteriormente, pedindo que a sala seja lacrada e que fique impregnada do poder de amor e cura de Deus. Isso poderá estimular os membros do grupo a usar a imaginação, a *ver* a sala ser envolvida por uma luz dourada. O chefe do grupo poderá então introduzir o nome do garotinho que está com leucemia. Mais uma vez isso deverá fazer com que cada membro use a imaginação, criando uma imagem do menino em seus pensamentos. Isso é evidentemente mais fácil para aqueles que conhecem o garoto, mas todos podem fazê-lo, ligando o nome à sua imagem mental.

O próximo passo é visualizar a doença. Não quero dizer com isso que você tenha que saber qual "a aparência" da leucemia e de todas as outras doenças. Basta que você visualize que "alguma coisa" está errada, algo em que você possa concentrar seus pensamentos. Tão logo o tenha feito, deverá começar a formar uma imagem mental dessa coisa dissolvendo, derretendo, sendo expelida do corpo. Deverá encerrar com a imagem de um menino saudável, feliz e sorridente.

Basicamente, isso é tudo em que a cura à distância se resume. Porém, não é "tudo que está na sua mente". Através da sua imaginação criativa você "entrou em contato" com o menino e ele passa a estar tão próximo quanto você desejar. Essa técnica pode ser aperfeiçoada. Você poderá visualizar um fluxo de luz branca indo do grupo até onde o menino efetivamente está. Um fluxo de luz que conduz a cura até ele. Ou poderá usar a sua respiração como um mensageiro da cura.

Quando inspirar, você deverá "se ver" inalando parte da luz de cura que inunda a sala, e quando expirar, você deverá estar consciente de estar enviando o sopro "carregado de cura" para o menino, banhando-o nessa luz. Como estamos falando de um novo grupo de cura, você poderá se perguntar como encontrar pessoas suficientes para poder "enviar a cura". Um pouco de reflexão o capacitará a perceber que nunca há falta de almas necessitadas. Amigos, parentes, vizinhos, colegas de trabalho, um aleijado que você encontra quando vai às compras; logo você terá tantas pessoas que não conseguirá cuidar de todas. Suas atividades, em breve, chamarão a atenção dos espíritos amigos, que se reunirão à sua volta para ajudar, e também das pessoas que começarão a lhe falar de alguém com quem se preocupam. Você logo ficará assombrado com as inúmeras maneiras através das quais tomará conhecimento de pessoas doentes.

O Culto Organizado da Igreja

Eu disse que dividiria a cura à distância em três partes. Pode ser que a segunda parte seja um pouco restrita, pois ela está relacionada com o culto da igreja. Na maior parte dos serviços religiosos encontramos oportunidades de rezar pelos doentes, o que algumas vezes é chamado de "intercessões", embora esse termo inclua as preces para todas as outras pessoas. Nem sempre é aconselhável que um serviço religioso concentre num só ponto grande quantidade de energia espiritual. A maior parte dessa energia deve ser absorvida pelas pessoas presentes ao culto; outra parte será usada pelos espíritos amigos e outra, ainda, deve ser empregada para disseminar a cura. Quando estou conduzindo um culto, convido a congregação a usar a imaginação, de forma semelhante à descrita anteriormente — visualizando a face de alguém que saibam que está doente, enviando a essa pessoa um feixe de luz e vendo-a com a saúde restabelecida. Em outras palavras, toda a congregação atua como um grande grupo de cura: e podemos obter incríveis resultados a partir disso.

A terceira parte desta seção deveria estar evidente. O que pode ser realizado num grupo ou através de um membro da con-

83

gregação também pode ser feito quando nos sentamos sozinhos na tranqüilidade do nosso próprio quarto.

Vale a pena enfatizar aqui, mais uma vez, que a distância não é um obstáculo. Suponha que você tenha recebido uma carta de sua prima que está na Austrália, onde ela conta que está para se internar num hospital e se submeter a uma importante cirurgia. Você poderá ter ou não uma fotografia dela, mas talvez ainda se lembre da sua fisionomia. Contudo, se não conseguir visualizar seu rosto, pelo menos tem a sua carta. Do mesmo modo como o papel poderá conter suas impressões digitais latentes, tanto o papel como as palavras estarão impregnadas com a personalidade dela. Sua ansiedade o alcançará, e você saberá que ela está precisando do poder de cura das suas mãos. Você lhe enviará paz, tranqüilidade, vigor físico e mental, e, apesar de ela estar a dez mil milhas de distância, tudo que for enviado a alcançará de modo tão infalível quanto atinge o menininho da sua vizinhança.

11

A MECÂNICA DA CURA À DISTÂNCIA

Existem vários pontos do capítulo anterior que precisam ser explicados. O primeiro está ligado à pergunta: isso realmente funciona? Essa pergunta poderá surgir perfeitamente porque levantei o assunto da prece e você poderá ter suas dúvidas a respeito da sua eficácia. Bem, mais tarde vamos abordar a prece com maiores detalhes mas, antes, vamos tratar de responder à pergunta.

A cura à distância poderá ser sucintamente descrita como sendo o uso do poder para fazer com que as pessoas fiquem boas. Durante séculos, as mesmas técnicas têm sido utilizadas para causar o efeito oposto — para tornar as pessoas doentes. Estou me referindo à magia negra e a outras artes correlatas. O mago negro, com o seu boneco de cera e seus alfinetes, está simplesmente invertendo o processo da cura. O boneco de cera ajuda-o a visualizar sua vítima e os alfinetes auxiliam-no a visualizar a dor que ele quer infligir a ela. Você poderia fazer isso. Você poderia causar a doença e a dor, usando os métodos que acabo de descrever. O que é muito estranho é que muitas pessoas que duvidam da eficácia da cura estão bastante dispostas a aceitar que a magia negra seja eficaz!

Esse argumento negativo não responde realmente à pergunta, e devo confessar que a única resposta verdadeira é a que surge através da experiência. No decorrer das semanas e dos meses você vai recolher pedaços de "provas" que finalmente o conven-

85

cerão de que a cura à distância efetivamente funciona. Não é nenhuma desgraça ser um São Tomé, e o bom senso determina que não sejamos crédulos; mas lembre-se de que, na história do evangelho, Tomé pediu uma prova e esta lhe foi dada. Isso ocorrerá com você.

Num certo grau, somos todos Tomés Descrentes e suspeito que todas as pessoas envolvidas com a cura passaram por períodos em que nada de positivo parecia estar acontecendo. Nessas ocasiões, temos a tendência a nos agarrar àqueles pedaços de "prova" que cruzam o nosso caminho, achando-os bastante reconfortantes. Esse problema, de falta de confiança no que estamos fazendo, decorre, na verdade, de uma interpretação errônea quanto ao papel que o curador desempenha no processo da cura. Como este livro diz respeito, em grande parte, à eliminação das interpretações errôneas, vale a pena repetir que nenhuma técnica, ritual, concentração ou esforço da parte do curador poderá, por si só, provocar a cura. O processo da cura está sujeito a leis naturais que devem ser respeitadas. O curador é, sob muitos aspectos, apenas o último elo da corrente. Ele deverá aceitar o seu lugar no desígnio das coisas e não pensar que é a causa e o fim de tudo, e que todo o processo depende dele. Entretanto, as dúvidas podem representar um obstáculo para a cura, e a postura mental do curador deverá ser de confiança tranqüila. Ele deverá ficar alerta mas, ao mesmo tempo, relaxado, em uma atitude em que possa executar bem sua modesta tarefa; tudo o mais se encaixará no lugar e a cura ocorrerá.

Como Estabelecer Contato com Pessoas Estranhas

Outro ponto que precisa ser esclarecido diz respeito a estabelecermos contato com alguém que não conhecemos. Vamos supor que lhe peçam para "enviar" uma cura para o irmão de alguém que está do outro lado do país. Já dissemos que a distância não representa um obstáculo para a cura — mas como você vai estabelecer contato com o irmão dessa pessoa?

Você se lembra da antiga idéia da Igreja segundo a qual todos nós possuímos um "anjo" que zela por nós? Bem, a resposta está relacionada com essa idéia. Eu disse anteriormente que nenhum de nós está sozinho, que existe um espírito amigo, alguém que nos ajuda, que atua como o nosso "anjo da guarda". Na verdade, é provável que ele seja alguém com quem temos, ou tivemos, uma ligação: um parente, talvez uma tia ou um tio preferido mas, com certeza, alguém.

Vou então explicar isso de um modo um tanto esquisito. Quero que você pense numa cena bastante estranha.

Imagine que você e seus amigos estejam realizando uma sessão de cura à distância. "Lá em cima", os seus espíritos amigos estão ajudando. Vocês têm esta vaga informação: quem precisa de ajuda é o irmão da sra. Smith que mora do outro lado do país. Seus espíritos auxiliares enviam um chamado geral para outros espíritos auxiliares e anjos da guarda, dizendo mais ou menos o seguinte: "Alguém reconhece esta descrição?" É claro que a pessoa que está ajudando a sra. Smith está consciente de que o pedido foi feito e talvez possa complementar a informação. Finalmente, o espírito auxiliar do irmão responde: "Sim, ele está aqui e estou em contato com ele." Desse modo, é estabelecido o contato integral e os seus pensamentos de cura são enviados ao homem que precisa, através dos espíritos auxiliares.

Embora isso possa parecer estranho, e até forçado, se você pensar um pouco poderá se lembrar de acontecimentos semelhantes: "Tenho estado pensando no tio George o dia todo. Não consigo tirá-lo da minha cabeça; será que ele está bem?" Você então envia para o tio George pensamentos de carinho e de simpatia, ou talvez lhe telefone ou escreva. O que provavelmente aconteceu foi que o protetor do tio George, sentindo que ele precisava de ajuda, enviou um pedido de auxílio e de energia àqueles que o conhecem e estimam.

É possível que quando você lhe telefone, George lhe diga que tudo está bem, que não está doente. Pode ser, porém, que a alteração percebida por você não se relacione com doenças. Talvez ele esteja com uma dificuldade no trabalho, ou esteja envolvido com um problema que não saiba como resolver. Essas coisas também aparecem na aura e são captadas como vibrações pelo espírito guardião. Isso faz sentido? Espero que sim.

O Poder do Pensamento

"Os pensamentos são coisas." Como já disse anteriormente, a imaginação e os pensamentos estão estreitamente ligados e eu talvez estivesse tentando o impossível ao procurar separá-los. De qualquer maneira, eles são muito importantes, pois é através do veículo do pensamento que a maior parte das suas atividades de cura serão levadas a cabo. Os pensamentos são os precursores das palavras, pois temos de pensar no que vamos dizer antes de emitirmos os sons que chamamos de palavras. Na verdade, ninguém realmente fala sem pensar. Os pensamentos também são o prelúdio das imagens criativas da mente e, como será explicado mais tarde, essas imagens mentais são, algumas vezes, mais úteis na cura do que as palavras.

Os pensamentos são reais. Eles continuam a existir durante muito tempo, depois de aparentemente terem desaparecido das nossas mentes.

Para criar um pensamento é necessário energia ou força. Um homem que pensa durante todo o dia poderá ficar tão cansado quanto um homem que carrega tijolos. A energia ou força necessária para criar um pensamento é que o torna real e lhe dá uma existência autônoma. Os pensamentos que permanecem na mente, como por exemplo os que são necessários para que solucionemos um problema de matemática, não despendem tanta energia quanto os que são lançados fora da mente, como quando pensamos em outra pessoa. Neste último caso, o dispêndio de energia pode ser considerável. Um "bom pensamento", como o que temos quando lembramos carinhosamente de alguém, conduz uma energia que causará bem a essa pessoa e, inversamente, um mau pensamento causará dano.

Essencialmente, é claro, os pensamentos são vibrações e, como tais, podemos captá-los. Se estivermos presentes numa partida de futebol apinhada de gente, os pensamentos entusiásticos e as esperanças de um bom resultado para o time da casa poderão se tornar tão fortes que afetarão todos os torcedores, unindo-os e fazendo com que passem a ter "uma só mente".

Se estivermos esperando um ônibus num dia de vento frio e ele estiver atrasado, poderemos captar o pensamento de "irritação" dos outros e também ficaremos irritados. Nós todos sabemos que aguardar muito tempo na sala de espera de um médico pode ser bastante deprimente. A causa disso é que a sala de espera está permanentemente poluída por pensamentos de doença e de dor. As salas de espera dos dentistas, geralmente, estão impregnadas de sentimentos de medo, e não importa quão alegres estejamos quando para lá nos dirigimos, logo ficamos abatidos, pois captamos essas vibrações.

Como os pensamentos são reais e estão revestidos de energia, eles representam o melhor veículo para a prece.

A Prece

É muito triste que a educação tenha feito com que muitos de nós acreditemos que as preces necessitam de palavras — e talvez seja por isso que tantas pessoas desistem dela. É possível que acreditemos que "recitar nossas preces" talvez não seja a melhor maneira de fazê-las. É claro que existem inúmeras preces faladas e escritas que são maravilhosas, mas a sua maior importância é a de nos levar a *pensar* em Deus e nas coisas eternas.

O profundo significado do Pai-nosso nunca poderá existir pelo fato de o repetirmos como papagaios; ele floresce, porém, quando permitimos que as frases sejam dirigidas pelos nossos pensamentos.

Qualquer pensamento que represente um reconhecimento das maravilhas de Deus, da beleza natural, e aquele que se manifesta no amor entre as pessoas, é a verdadeira prece.

89

Quando vamos ao campo e paramos um momento para admirar o panorama, as árvores, a grama, os carneiros nas colinas, o canto dos pássaros, um lago no fundo de um vale, e depois nos espreguiçamos e sorrimos pensando: "Como tudo isso é adorável" — estamos fazendo uma verdadeira prece, e esse pensamento se irradia de nós como as ondulações num lago.

Quando encontramos alguém que está doente e percebemos que isso representa uma ruptura da harmonia, da unidade e do ritmo que é a vontade de Deus, normalmente pensamos que isso não deveria acontecer, o que cria em nós simpatia e compaixão; esses pensamentos carregados de energia vão, então, ao encontro dessa pessoa. Essa é uma prece de cura no sentido real da palavra. Não há necessidade de juntarmos nossas mãos, de fecharmos nossos olhos ou de emitirmos qualquer som.

Uma vez que nos acostumamos à idéia de que os bons pensamentos são preces, nós percebemos que, embora acreditemos haver terminado uma prece, isso não é verdade. Nós a estivemos praticando o tempo todo. E agora ela é real e verdadeira. Quando fazemos preces através de palavras, tendemos a cair no hábito de *pedir* coisas continuamente a Deus, ou de *pedir* a Deus para que faça alguma coisa por nós ou por outra pessoa. Quando realizamos as preces através do pensamento, nos *envolvemos* com a situação.

Podemos pensar sobre a vida e sobre os seus problemas, sem a dificuldade de termos que encontrar palavras para exprimir nossos pensamentos e, quando chegamos à resposta, esta também é a resposta à nossa prece. Afinal de contas, "o Reino de Deus está dentro de nós" e o Deus que está dentro dos nossos pensamentos é mais real do que um deus "lá em cima", a quem precisamos nos dirigir de maneira específica. O grande valor que existe em usarmos o pensamento para curar é que sabemos como os pensamentos funcionam.

12

A MENTE

Existe uma grande parcela de verdade no velho ditado que diz que "tudo está na mente". A mente controla o corpo da mesma maneira como o jóquei controla o cavalo. O problema é que conseguimos ver o jóquei mas não podemos ver a mente. Se pudéssemos desmembrar um ser humano em pedaços extremamente pequenos, e colocássemos todas as partes sobre uma mesa, não haveria nenhum pedaço que pudesse ser prontamente identificável como a mente. Existiria o cérebro, e poderíamos nos sentir tentados a dizer que a mente é parte do cérebro, mas as coisas não são tão simples assim.

A Mente Consciente e a Mente Inconsciente

Para que possamos compreender como a mente funciona, no que diz respeito à cura, devemos dividi-la em duas partes: uma consciente e outra inconsciente. Falando de forma metafórica, a mente consciente é a que está mais próxima do corpo e do cérebro. Ela está, em essência, relacionada com o físico e com o material.

O consciente registra as impressões sensoriais. Quando sentimos o gosto de alguma coisa, ou vemos, tocamos, cheiramos ou ouvimos, os nervos dos órgãos sensoriais transmitem a informação à mente consciente, que registra a experiência e justapõe a razão e a lógica à experiência. Essas duas qualidades, a razão e a lógica, representam a contribuição mais importante que o

91

consciente traz às nossas vidas; e, quando "pensamos", é com a mente consciente que o fazemos. Ela procura encontrar uma resposta razoável para uma situação e uma resposta lógica para um problema — ela busca uma "prova".

Existem, obviamente, inúmeras situações na vida que não se prestam a provas e é nelas que aparecem as limitações da mente consciente. A existência de Deus é um exemplo disso. Quantos de nós já pensamos e discutimos a respeito de Deus? Para a razão e para a lógica não existe prova de que Deus exista e, muitas pessoas, portanto, se recusam a acreditar em Deus. Note bem que essas mesmas pessoas poderão acreditar no amor, poderão ter certeza de que são amadas por seus cônjuges, embora elas não possam ter uma prova razoável desse fato.

As limitações da mente consciente significam que ela também é a sede da dúvida e da incerteza, bem como da razão e da lógica, e se ela fosse a única mente que possuíssemos, nós rapidamente "ficaríamos malucos".

Vínculos com a Mente Inconsciente

Entretanto, a mente consciente é apenas a parte de cima do *iceberg*. O inconsciente é sem dúvida a parte mais ampla. O consciente está ligado ao inconsciente através de dois caminhos de mão única.

Todas as impressões sensoriais recebidas pelo consciente são automaticamente transmitidas ao inconsciente através de um dos caminhos. O consciente não tem conhecimento do que está acontecendo; esse processo é automático.

A informação é avaliada pelo inconsciente à luz de uma experiência muito maior, e o julgamento do inconsciente é devolvido ao consciente através do segundo caminho.

Existe uma diferença entre esses dois caminhos. O primeiro, que vai do consciente para o inconsciente, é amplo e fácil de ser percorrido. O inconsciente aceita todas as informações sensoriais que recebe, em número por vezes até maior do que as que foram recebidas pelo consciente. Podemos ilustrar isso referindo-nos a uma demonstração que é freqüentemente realizada pelos hipnotizadores. Uma pessoa recebe uma página de jornal para observá-la durante um período de quinze segundos. O jornal é então retirado das suas mãos e são feitas perguntas a essa pessoa quanto ao que ela leu. Pelo fato de estar usando apenas a sua memória consciente, logo suas respostas esgotarão. Essa pessoa é então hipnotizada. Dessa forma, recorrendo ao inconsciente, ela pode reproduzir todos os dados contidos na página observada.

O "Sexto Sentido"

Todos nós sabemos que o nosso consciente registra apenas parte do que vemos. Muitos acidentes de trânsito ocorrem porque o motorista olha para a direita e para a esquerda e não consegue ver tudo que está presente.

Algumas vezes, contudo, o motorista tem uma sensação de que deve olhar de novo para a esquerda e para a direita, e fica horrorizado ao perceber um veículo que ele não havia visto na primeira vez. O que aconteceu é que o inconsciente, ao receber, por assim dizer, a imagem completa, que inclui o veículo que não havia sido registrado pela mente consciente, chega à conclusão de que o motorista não deverá fazer a curva e envia uma mensagem de "cuidado" à mente consciente através do segundo caminho. Isso é freqüentemente chamado de "sexto sentido". Na maioria das pessoas, esse segundo caminho é muito menos desenvolvido que o primeiro, e suas mensagens são feqüentemente ignoradas. Essas mensagens alcançam o consciente na forma de sentimentos, intuição, premonições imponderáveis e são amiúde ignoradas porque não são "lógicas".

Às vezes, conhecemos uma pessoa e formamos uma opinião a seu respeito, baseados em impressões sensoriais. Formamos uma boa opinião e estamos, talvez, prontos a aceitá-la devido às aparências, mas talvez haja um pequeno sentimento quanto a ela não ser exatamente o que aparenta ser, lá no fundo da sua mente. "Bobagem" — você diz — "estou apenas imaginando coisas". E, assim, ignoramos a voz do inconsciente.

Lembranças Inconscientes do Passado

Além de reter as recordações de tudo que aconteceu nesta vida, o inconsciente também retém as lembranças das vidas passadas e as leva em consideração quando avalia as experiências presentes.

Compare isso ao que ocorre com a criança e o adulto. A criança fala sobre sua intenção de ir a algum lugar ou de fazer alguma coisa. O adulto, que já tem uma maior experiência, poderá conhecer algum perigo ou dificuldade que fará com que ele aconselhe a criança a desistir. Se a criança ignorar o conselho e tiver problemas, talvez porque tenha feito algo errado, o adulto se sentirá tentado a dizer: "Bem que eu lhe disse!"

De maneira semelhante, o inconsciente "adulto" envia suas mensagens de perigo. Se elas forem ignoradas e surgirem dificuldades, talvez ocorra uma espécie de "bem que eu lhe disse". Normalmente isso é chamado de Voz da Consciência.

Do mesmo modo como o consciente pode ser chamado de a parte física ou material da mente, que está ligado ao corpo, o inconsciente poderá ser chamado de o lado espiritual da mente, e está vinculado ao espírito e ao corpo etérico. Ele nunca dorme, sobrevive à morte do corpo e está aberto à influência espiritual.

A Atividade Espiritual Durante o Sono

O inconsciente registra a atividade espiritual durante o sono. Deve ser entendido que, quando os nossos corpos estão dormindo, os nossos espíritos quase sempre vão passear, mantendo uma ligação com o corpo através do cordão de prata, que é citado na Bíblia. Essas experiências fora do corpo são necessárias, o espírito precisa, por assim dizer, "sair para tomar ar".

Durante essas aventuras, nossos espíritos estão "em casa" e talvez nos deparemos com pessoas que partiram antes de nós. Uma decorrência importante disso é que quando os nossos corpos morrem e os nossos espíritos são libertados, eles não estranharão os lugares para onde forem nem as pessoas que encontrarem. É por isso que morrer é muito mais fácil do que nascer, pois, nesse último caso, *estamos* realmente nos deparando com o desconhecido!

Às vezes, nossos espíritos precisam retornar repentinamente ao corpo, e nós acordamos com um choque e com a sensação de termos caído de uma grande altura. Normalmente a volta é tranqüila e, quando acordamos, parte das lembranças dessas experiências é transmitida à recém-desperta mente consciente. Sempre ocorre alguma distorção, e o consciente, considerando-as ilógicas e não razoáveis, descarta-as como se fossem "apenas um sonho".

A Linguagem do Inconsciente

Sabemos, então, que o inconsciente está relacionado com o corpo espiritual e o etérico, e que é a inteligência que governa e controla as funções físicas fundamentais, como a renovação das células. Na cura à distância, em particular, nosso contato com uma pessoa ocorre através do inconsciente dela. Não podemos fazer isso com palavras. A linguagem do inconsciente são os pictogramas, os símbolos, as figuras e as imagens.

É por isso que usamos a imaginação e os pensamentos. Como não podemos *relatar* ao inconsciente o que é preciso, nós lhe *mostramos*. Formamos uma imagem do que queremos que aconteça e transmitimos essa imagem para o inconsciente. É por isso que as preces oferecidas às pessoas doentes não dependem de palavras, mas de "bons pensamentos".

Outro ponto importante é que, enquanto a mente consciente possui um sistema de defesas preparado e que pode aceitar ou rejeitar qualquer coisa que possamos dizer à pessoa, a mente inconsciente é bastante indefesa em relação aos pensamentos que lhe enviamos. É esse seu natural aspecto indefeso que permite ao mago negro fazer o mal e, ao curador, fazer o bem! Deixe-me logo explicar que não estou sugerindo que o curador deverá forçar sua vontade a ser pobre e indefesa, e sim que. . . Bem, uma história talvez possa explicar melhor o que estou querendo dizer.

Certa pessoa, falando sobre um parente que estava doente, disse-me o seguinte: "Estou certo de que o seu trabalho de cura iria ajudar, sr. Blades, mas não ouso sugerir isso ao meu parente, uma vez que ele não acredita nessas coisas". Nesse caso, um oferecimento direto encontraria uma recusa e acarretaria a criação de uma barreira oriunda da mente consciente. Não hesitei, porém, em lhe enviar alguns pensamentos (cura à distância), sabendo que seu inconsciente os aceitaria. Não fez diferença alguma para mim que a sua subseqüente recuperação tenha sido atribuída ao remédio que ele vinha tomando. Não existe lugar no trabalho de cura para sentimentos de vaidade.

Tudo isso implica que temos de ser muito cuidadosos com o que pensamos em relação às pessoas. Não devemos, em hipótese alguma, nos permitir qualquer tipo de pensamento que possa prejudicar alguém. Os antigos santos estavam certos ao se referirem a "pecados do pensamento, das palavras e da ação".

Como Ampliar o Contato com o Inconsciente

Podemos também deduzir, do que foi exposto acima, que as duas partes da mente nem sempre trabalham harmoniosamente uma com a outra. Bem, isso é verdadeiro, e nós faríamos bem procurando estabelecer maior cooperação e harmonia entre elas, pois os benefícios seriam enormes. Podemos praticar isso tentando reconhecer as mensagens que vêm da mente inconsciente, que são formadas por sentimentos e intuições, tentando recordá-las e procurando atuar sobre elas, mesmo que à primeira vista não nos seja possível perceber qualquer motivo lógico para as mesmas. A meditação talvez seja a melhor maneira de se desenvolver um maior contato com o inconsciente, mas, como já mencionei, um iniciante deverá ser bastante advertido quanto a não tentar praticar a meditação sozinho, devendo procurar um guia experimentado.

O fato de procurarmos desenvolver o contato com a mente inconsciente poderá, como quando expandimos a aura, atrair a atenção de um espírito ligado à Terra ou de visitantes indesejáveis semelhantes.

13

A DOENÇA E A SAÚDE

Embora Shakespeare tenha apresentado as Sete Idades do Homem, existe uma antiga piada entre os médicos que diz que a vida do homem só tem três períodos, que se caracterizam pelas coisas que prendem o nosso interesse e a nossa atenção. Desse modo, o jovem está principalmente interessado no sexo, o homem de meia-idade em dinheiro e o velho está principalmente preocupado com o seu intestino! Talvez exista um pouco de verdade nisso. Nós tomamos consciência do envelhecimento do corpo e do seu possível mau funcionamento, ao passo que o jovem dificilmente pensa a respeito de doenças. Entretanto, é na primeira metade da vida que podemos criar as condições da vida futura.

Como disse anteriormente, o corpo é importante, embora não de todo essencial. Comparei o corpo a um automóvel, um veículo que usamos durante a jornada da vida. Lembremo-nos de que temos o dever de manter o veículo em boas condições. Podemos também comparar o corpo a uma ferramenta e, como todo artesão sabe, não podemos realizar um bom trabalho com ferramentas rombudas e maltratadas.

Temos um dever para com o nosso corpo, devemos cuidar bem dele. Existem certas regras básicas de saúde que devem ser observadas, não como uma disciplina rígida, mas como um prazer natural.

Às vezes, as regras fundamentais são apresentadas como aeração, irrigação e evacuação.

A Aeração

A aeração refere-se naturalmente à respiração, e qualquer pessoa que um dia tenha aberto um livro de yoga saberá que o yogue enfatiza a importância da respiração adequada. Normalmente, nós usamos apenas uma fração dos nossos pulmões, e a parte que não é usada atua como um poço estagnado, um excelente lugar para a proliferação de germes. A respiração profunda, efetuada duas ou três vezes por dia, mantém os pulmões limpos. É estranho que tantas pessoas comprem todos os tipos de preparados para resfriados e espirros, mas se recusem a aceitar que uma alteração em seus hábitos de respiração poderá mantê-las livres de resfriados por toda a vida. Na verdade, muitas doenças surgem de maus hábitos e com freqüência o curador tem que mostrar a determinada pessoa que uma mudança nos seus hábitos poderá resolver seu problema.

Talvez seja o caso de nos decidirmos a não curar alguém que possa fazê-lo por sua própria conta, reservando nossas energias para aqueles que estão realmente doentes.

Eu não gostaria de forçar uma decisão desse tipo, mas, há dois ou três anos, passei por uma experiência que me fez pensar a respeito da responsabilidade da pessoa com relação ao próprio corpo. Tínhamos ido passar o Ano-novo com amigos em Northumberland. Chegamos alguns dias depois do Natal e encontramos a dona da casa um pouco indisposta. É claro que eu me ofereci para tentar curá-la, mas tão logo coloquei minhas mãos sobre ela, recebi uma mensagem muito clara através do pensamento: "Isso é apenas o resultado de comida e bebida em excesso; não sinto qualquer piedade". Obviamente, um dos meus espíritos amigos não concordava com nossos hábitos, com a nossa gula na época das festas de fim de ano.

Não estávamos escrevendo sobre comida ou bebida, mas sobre a respiração. Vale a pena lembrar que a respiração fornece o

100

oxigênio que purifica a corrente sangüínea e alimenta os tecidos. Pode ocorrer aqui uma deficiência ocasionada pelo nosso hábito respiratório insuficiente podendo causar todos os tipos de problemas de saúde, particularmente se a deficiência ocorre há muitos anos.

É desnecessário dizer que o fumo pode agravar o problema. O alcatrão do tabaco e outras substâncias maléficas podem se acumular nas partes não utilizadas dos nossos pulmões. Os fumantes, mais do que quaisquer outras pessoas, deveriam aprender a respirar de tal maneira que os pulmões obtivessem um bom escoamento. Uma última coisa: respire pelo nariz; sei que podemos respirar pela boca, da mesma forma que nas emergências nós podemos ser alimentados pelo nariz. Porém, a boca é fundamentalmente o canal para a comida, e o nariz para o ar. Normalmente, não enfiamos comida em nossas narinas, assim como não devemos respirar por nossas bocas.

A Irrigação

Isso está naturalmente relacionado com a bebida. A água é a única bebida natural para os seres humanos e para os animais e é essencial que bebamos o suficiente para mantermos o sistema bem irrigado. A maioria de nós não bebe água suficiente e a maior parte do que tomamos está impregnada de drogas, como o café ou o chá. Não existe realmente nenhum substituto para a água.

A Evacuação

Significa nos livrarmos de resíduos alimentares. Vamos enfrentar a verdade: todos temos a tendência de comer em demasia. Normalmente, encaramos a obesidade como uma doença, mas, com exceção de raros casos de perturbações glandulares ou de distúrbios emocionais, a obesidade é simplesmente causada pela gula ou por maus hábitos. Desde que passamos a ter um nível de vida que transforma a fome em coisa do passado, comer e beber passaram a ser formas de divertimento, procuramos constantemente novas maneiras de temperar nossas comidas e de excitar os nossos apetites desgastados, para que possamos comer cada vez mais.

Vamos pensar mais uma vez no nosso automóvel. Escolhemos o combustível adequado para o motor, e o carburador deixa passar precisamente a quantidade exata que o motor precisa: nem muito pouco (falta de combustível) nem demais (quando o motor "afoga").

A comida é simplesmente o alimento do corpo. Se ingerirmos comida em demasia, o corpo armazenará o que sobrar como gordura. Se escolhermos combustível inadequado (ou seja, se comermos tipos impróprios de alimento) o desempenho será deficiente. Formar-se-ão depósitos, resultando em prisão de ventre.

Certa vez fui a uma consulta, num hospital, devido a um problema no ouvido. Quando cheguei à clínica, a irmã-enfermeira me perguntou se eu havia trazido urina para exame. Eu lhe disse que viera fazer uma consulta a respeito de um problema no ouvido e não no aparelho urinário. "Os sistemas trabalham em conjunto, meu querido", ela me disse entregando-me um vidro.

E isso é realmente verdade. Os bons hábitos relacionados com a aeração, com a irrigação e com a evacuação mantêm todo o corpo em equilíbrio, enquanto os maus hábitos colocam todo o organismo em perigo.

As comidas naturais e simples, suficientes para as nossas necessidades, nos manterão saudáveis. A obesidade, os problemas respiratórios e a prisão de ventre (que conduzem mais tarde à artrite) denotam algo de errado que fizemos em algum momento.

A Responsabilidade Pessoal com Relação à Saúde

Calcula-se que cerca de um quarto de todas as doenças são o resultado de hábitos indevidos, e o curador deparará freqüentemente com uma situação em que lhe pedem ajuda para eliminar um efeito, enquanto a pessoa que busca a cura recusa-se a regular a causa. Um homem me perguntou se o tratamento de cura ajudaria a sanar o problema de obesidade da sua esposa. Eu lhe disse que provavelmente sim, mas que, se ela continuasse a comer em excesso, continuaria a engordar. Da mesma forma, uma pessoa que fume muito, trabalhe num escritório mal ventilado, que ande com as janelas do carro sempre fechadas e que praticamente não saia para passear ao ar livre, é um forte candidato para adquirir problemas respiratórios. Ela poderá buscar a cura, mas como a conseguirá, se não faz nada quanto à causa? Sob muitos aspectos, a recuperação da saúde envolve alguma mudança na vida, nos hábitos e na atitude da pessoa enferma. Tendemos, hoje em dia, a ignorar a responsabilidade pessoal pela doença e pela saúde e de confiar em algum tipo de pílula. Habituamo-nos também a aceitar a doença como algo que simplesmente acontece e que será corrigido por um médico. Está tudo errado. Se eu ficar doente, a falha estará em mim. Estou rodeado por germes e vírus o tempo todo, e normalmente eles não me afetam. Quando isso ocorre, quando eu contraio uma infecção virótica, sou o responsável. O que fiz incorretamente e que baixou minha resistência, tornando possível esse ataque?

Poderei ou não necessitar do antibiótico para rechaçar os invasores, mas apenas posso reconstruir as defesas, eliminar a causa e tomar precauções a fim de que isso não volte a acontecer.

A nossa sociedade está repleta de problemas cardíacos, mas a causa não está no mundo, está em cada um, nas reações às atividades com as quais nos envolvemos. Torna-se imperativa uma mudança no estilo de vida, caso queiramos restaurar a harmonia do coração e dos seus órgãos essenciais.

Existem, provavelmente, células cancerígenas no meu corpo e no seu corpo também, mas elas não nos causam problemas. Se, de repente, elas começam a se multiplicar e a se espalhar, as principais perguntas são: "Por quê? O que saiu errado? O que eu fiz de errado?"

A causa e a cura fundamental estão sempre comigo e dentro de mim.

A mesma fonte que atribuiu 25 por cento das doenças aos maus hábitos, considerou que as outras 75 por cento têm causas psicossomáticas — exagerando possivelmente a situação, porque números como esses não podem ser comprovados. A ênfase geral, porém, está correta. Tantas doenças estão sendo consideradas como psicossomáticas, hoje em dia, que temos que nos perguntar se existe algum sintoma que não o seja.

As Causas Não-físicas das Doenças

O problema da medicina tradicional é que ela, amiúde, trata do efeito, deixando intocável a causa, ou seja, ela trata dos sintomas em vez de tratar daquilo que provoca a manifestação dos sintomas. Isso é inevitável, quando se acredita que o homem é simplesmente um corpo. Os médicos foram muito bem instruídos com relação à anatomia do corpo físico, mas não aprenderam nada a respeito das realidades espirituais.

A aceitação gradual do fato de que podem existir causas não-físicas para as doenças, de que a mente pode afetar o corpo, representa um grande avanço, embora não seja o suficiente.

Nós ensinamos que a doença e a saúde são afetadas diretamente pelo espírito. Nós estabelecemos uma espécie de hierarquia, com o corpo na parte inferior, a mente no meio e o espírito acima de tudo. Se o nosso corpo estiver enfraquecido, nós nos tornaremos vulneráveis à invasão dos vírus. Se estivermos mentalmente abalados, não estaremos então apenas vulneráveis a uma grande quantidade de outras doenças, mas o corpo também se ressentirá.

Se as nossas baterias espirituais estiverem arriadas, a mente e o corpo serão afetados. O espírito controla e afeta tudo que lhe é inferior.

Empregamos então a resposta lógica — que a causa não está somente em tratarmos dos sintomas que se apresentam nos níveis inferiores, mas em recarregarmos as baterias espirituais, restabelecendo a harmonia entre a fonte divina e a centelha divina. Esta é a resposta para todas as doenças.

14

QUANDO A CURA "FALHA"

É possível que argumentem que se a cura é tão simples e tão lógica quanto afirmo, e que se a cura espiritual, do espírito pelo espírito, é tão positiva quanto sustento, deveríamos ter uma situação onde todas as pessoas que recebessem uma cura espiritual ficassem curadas e a taxa de fracassos fosse zero. Quando as coisas são colocadas desse modo, penso imediatamente num técnico de televisão. Ao examinar um aparelho quebrado ele sabe que, há pouco tempo, o mesmo estava funcionando perfeitamente e que, agora, um componente ou uma série de componentes não estão funcionando; mas ele também sabe, com certeza, que eles vão funcionar novamente. Infelizmente, as pessoas não são máquinas ou dispositivos elétricos, e freqüentemente você se deparará com casos em que o trabalho de cura que você e os seus amigos estão realizando não parece estar dando qualquer resultado. Entretanto, existe uma crença entre os curadores de que a cura *não pode* falhar! O que terá acontecido então?

Não existe uma resposta simples para isso, principalmente porque existem muitos motivos pelos quais isso pode acontecer, e também porque duas pessoas nunca são iguais. Podemos dar exemplos de motivos para o aparente fracasso, mas você poderá sempre encontrar alguém a quem nenhum desses exemplos se aplique.

107

(1) Em primeiro lugar, lembremo-nos de que a cura pode ser bloqueada. Uma forte reação negativa à oferta de um trabalho de cura criará barreiras que rechaçarão os raios de cura. Essa reação poderá ser até contrária à cura espiritual em si considerando-a como algo lúgubre, suspeito ou repugnante. Ou a reação poderá ser contra você mesmo enquanto curador, uma atitude do tipo "quem você está pensando que é?". O melhor exemplo disso é contado na Bíblia. Os habitantes da cidade natal de Jesus tiveram esse mesmo tipo de atitude, e ele não foi capaz de realizar muitas coisas entre o seu povo.

(2) Existem pessoas que ficam na expectativa de contrair uma doença e que, de maneira muito estranha, gostam das suas doenças. Estou usando o plural porque há sempre mais do que uma única coisa errada com essas pessoas e, se ficarem curadas de uma delas, de imediato revelarão outro mal.

A doença se torna quase um passatempo e elas trocam opiniões sobre comprimidos e poções com todo mundo, como dois jardineiros que conversam a respeito de adubos para o solo.

(3) A doença pode ser uma maneira segura de sairmos de uma situação difícil; uma muleta que permite caminharmos mais vagarosamente do que o mundo agitado exige que o façamos.

(4) Podemos também incluir aqui as enfermidades que resultam dos hábitos indevidos que citamos anteriormente.

Podemos perceber que, nesses quatro exemplos, não existe uma maneira de aliviarmos rapidamente os sintomas físicos. O problema está na parte superior da hierarquia, na mente, ou no espírito. O trabalho de cura será dirigido à causa, mas poderá levar anos até que a harmonia interna, que vai fornecer a energia para que os níveis inferiores sejam ordenados, seja restabelecida. Na verdade, esse problema poderá não ser resolvido na vida atual e chegar a ser levado, sob a forma de uma fraqueza oculta, para a próxima vida.

(5) Existem também algumas condições físicas que nunca são eliminadas, mas o trabalho de cura fornece a energia para

que sejam superadas e para que a pessoa consiga triunfar. Isso é um lembrete de que realmente o que acontece e importa na vida é o modo como lidamos com as situações e as dificuldades. O nosso desenvolvimento espiritual é a razão pela qual estamos aqui. E o triunfo sobre o sofrimento e as deficiências físicas ocorre quando não os encaramos como sendo realmente importantes.

(6) Um fator do trabalho de cura, que está completamente fora do nosso controle, relaciona-se com a "quantidade" de poder de cura que deixamos passar. Mais uma vez, isso pode ser ilustrado se fizermos uma comparação com a bateria de um carro.

Uma bateria arriada pode ser carregada de três maneiras. Uma bateria em boas condições que tenha arriado por causa do uso excessivo do acelerador, poderá receber uma carga de reforço de alta potência de curta duração. Uma bateria que já esteja enfraquecida há muito tempo deverá receber uma carga lenta e constante durante, digamos, vinte e quatro horas. Porém, uma bateria que esteja praticamente sem corrente, só poderá ser salva se receber uma carga de baixa voltagem, quando apenas um mero carregador de eletricidade é ligado a ela durante um longo período, talvez uma semana ou mais.

Às vezes o estado espiritual de uma pessoa é tal que ela só poderá receber uma carga de baixa voltagem. A sessão de cura é realizada regularmente durante muitos meses até que comecem a surgir os primeiros sinais de resposta.

A lição a ser extraída disso é que o curador deve aprender a não procurar resultados rápidos. Estou quase tentado a dizer que isso não é da conta dele! Muitas vezes, é apenas o seu próprio ego que está querendo ver o "milagre".

Pede-se ao curador que ele seja constante nas pequenas coisas e que deixe o resto para as esferas superiores. Quando já tiver praticado a cura por alguns anos, saberá que o método de Deus é freqüentemente lento, mas seguro. Saberá que, mesmo quando nada parece estar acontecendo, existe uma atividade oculta que está, pode-se dizer, trabalhando numa diferente escala de tempo, e que, certamente, funciona.

(7) A morte não significa que o trabalho de cura tenha falhado.

Quase sempre acontece de alguém solicitar um trabalho de cura como um último recurso, quando tudo o mais falhou e quando os médicos já disseram que nada mais pode ser feito.

É claro que os livros a esse respeito estão cheios de histórias em que a cura ocorreu e onde o incurável foi curado, mas existem obviamente muitos casos em que a doença já está tão adiantada que não há tempo hábil para que o processo seja invertido. Quando é realizado um trabalho em tais casos, ele parece se orientar para duas finalidades. A primeira é a eliminação da dor e do sofrimento desnecessários. O corpo poderá estar se deteriorando, mas a dor pode e deve ser aliviada. No caso de "M", mencionado anteriormente, não foram necessárias drogas para combater a dor no período final do processo cancerígeno; o poder de cura impediu que houvesse dor sem que com isso sua mente ficasse embotada.

A segunda bênção é que os contatos espirituais são fortalecidos. O trabalho de cura dirige o espírito e a mente inconsciente para longe do corpo que eles em breve abandonarão; para os planos superiores onde os entes queridos estão aguardando.

Você encontrará muitos enigmas no trabalho de cura, mas no final concordará comigo que ela nunca falha.

110

15

QUEM SÃO OS CURADORES?

Repetidamente, nessas páginas, eu me referi ao "curador": o curador faz isso, o curador faz aquilo. Às vezes, eu estava falando a meu respeito, contando-lhe como faço as coisas. Em outras ocasiões, tive outra pessoa em mente, um outro curador, um amigo meu, talvez. Contudo, no decorrer do livro, tentei progressivamente colocá-lo no papel do curador. Fiz isso simplesmente na esperança de que, ao ler estas páginas, você ficasse suficientemente interessado na cura espiritual a ponto de querer estudá-la e se tornar efetivamente um curador.

Tentei estimular o seu apetite, fornecendo-lhe algum conhecimento do que eu chamo mecânica da cura, uma compreensão do que está realmente ocorrendo. Sempre me interessei pelos porquês e pelas circunstâncias das curas que realizei. Gosto de saber o que está acontecendo e é bastante correto que você também o saiba. A primeira lição, e talvez a mais importante, é que não existe nada mágico com relação à cura. Ela é lógica, natural, e segue caminhos facilmente compreensíveis.

Este livro, portanto, representa apenas uma primeira abordagem, um primeiro curso. Existem outros livros que ampliarão a compreensão de todos os aspectos do processo de cura que mencionei. Todos os livros que relaciono na bibliografia foram úteis para mim e os recomendo na esperança de que lhe sejam úteis também. Eles não são, em absoluto, os únicos, e você descobrirá, à medida que prosseguir, outros que lhe serão apresentados na ocasião adequada, quando estiver pronto para as novas informações que eles contêm.

Se você realmente resolver se dedicar à cura, estará se juntando a um grupo de homens e mulheres que cresce a cada dia. Existe um redespertar espiritual à nossa porta e o trabalho de cura está fazendo pelas pessoas de hoje o que as doutrinas antiquadas e os dogmas religiosos não conseguem fazer. Ele está demonstrando, através da experiência pessoal, o que muitas pessoas sempre acreditaram secretamente — que existe um Deus e que Ele é bom.

Ninguém sabe realmente quantas pessoas se dedicam à cura. Não existe, graças a Deus, qualquer documentação estatística a respeito dos curadores. Eu acho que existem de quinze a vinte mil trabalhando hoje em dia no Reino Unido, mas esse é apenas um número arbitrário. Talvez existam mais. Se perguntarmos quem são essas pessoas e como são elas, não acredito que encontremos uma resposta. O que elas provavelmente possuem em comum são as coisas a respeito das quais comentei no início deste livro: compaixão e bondade, interesse no significado e na finalidade da vida e uma mente que está aberta a novas idéias e novos critérios.

O que posso dizer com segurança é que a maior parte dessas pessoas oferecerá gratuitamente os seus serviços a qualquer um que os solicite. Existem pouquíssimos curadores profissionais, embora seja razoável aos que se dedicam à cura em tempo integral que cobrem uma espécie de honorário.

Por outro lado, existe um bom número de curadores que, embora não cobrem honorários, aceitam doações, e muitos deles usam essas doações para fins de caridade. No que diz respeito ao meu grupo, nós nunca cobramos nada nem aceitamos doações, embora já tenhamos tido grandes dificuldades para dissuadir pessoas que desejavam nos dar alguma coisa. É muito comum elas se sentirem bastante agradecidas pela ajuda que lhes foi dada por nosso intermédio, e essa é a única maneira que en-

112

contram para expressarem sua gratidão. Quase sempre, tento fazer com que elas a expressem fazendo o bem a uma outra pessoa, comprando flores para uma senhora idosa ou alguma coisa assim. Os curadores em geral acreditam que, como não lhes foi cobrado honorário algum para poderem adquirir a habilidade de curar, não devem cobrar por isso também. Este é um princípio que foi descrito há muito tempo pelo próprio mestre, Jesus.

Como a cura é essencialmente uma atividade leiga, que envolve a pessoa média, o que ocorre é que a maior parte dos curadores têm algum tipo de ocupação e organizam suas atividades de cura como melhor lhes convém. Entretanto, existe uma superposição das duas atividades. Por outro lado, suas experiências e seu treinamento no trabalho de cura os ajudam no trabalho diário. Você talvez se lembre da sugestão que dei quanto ao curador permanecer alerta e ao mesmo tempo relaxado. Essa habilidade, quando é praticada até tornar-se uma segunda natureza, representa por certo um trunfo em qualquer ocupação.

Enquanto estiverem exercendo suas atividades do dia-a-dia, perceberão e cuidarão da doença sempre que ela se apresentar. Talvez até o contato mais superficial com alguém que esteja necessitado, um aperto de mão ou um toque casual e um rápido pensamento do tipo "cure esta pessoa, por favor", seja suficiente para iniciar o processo.

Dar e Receber

Temos, então, o princípio de dar e receber. Dar o nosso tempo e a nossa energia ao trabalho de cura, e receber uma postura e um equilíbrio que são úteis em todos os aspectos da vida. Esse princípio de dar e receber está contido exatamente no trabalho de cura. Se eu der os meus serviços, receberei bênçãos. Ao permitir que o poder de cura flua através de mim, eu próprio o recebo; parte da energia permanece, como se diz, e um curador pode ter a certeza de estar sendo abençoado com a saúde e energia adequadas para que possa cumprir a tarefa a que se propõe. Repare na frase "adequadas para que possa cumprir a tarefa a que se propõe". Isso não quer dizer que todos os curadores sejam superseres vigorosos e resplandecentes, nem tampouco que um curador nunca fique doente.

Este livro foi iniciado numa época em que precisei interromper minhas atividades por causa de um repentino ataque de angina. Por que isso aconteceu? Eu não deveria estar protegido contra algo desse tipo?

De forma alguma. Eu havia desrespeitado as regras. Durante o período de alguns meses, eu vinha trabalhando em excesso. Eu andava tão ocupado com isso e aquilo que estava em atividade sete dias por semana, praticamente sem descanso. Dando e recebendo, eu pensei; mas esse processo acarreta necessariamente um ritmo, um dar, para fora; depois, um apreender, para dentro. Afinal de contas, é como na respiração; chega o momento em que temos que parar de aspirar para podermos expirar! Eu havia perdido esse ritmo. Alguns dos meus paroquianos estavam felizes por poderem me repreender; estava fazendo exatamente o que lhes dissera para não fazerem. Descobri, da maneira mais difícil, que o que eu lhes havia dito era verdadeiro. Logo me recuperei do meu problema e sou muito grato às valiosas lições que ele me forneceu. Sempre podemos aprender mais com nossos erros do que com coisas que achamos que deram certo. A doença pode nos ensinar muito sobre o trabalho da cura.

Colocando-me à parte, conheço muitas pessoas que estão fazendo um magnífico trabalho de cura e que, pessoalmente, têm um problema de saúde. O próprio fato dessas pessoas possuírem um conhecimento íntimo da doença, ou da incapacidade física em geral, as torna mais compreensivas, mais piedosas e mais úteis como canais de cura.

Existe algo semelhante no Novo Testamento. S. Paulo foi um grande curador, mas tinha uma deficiência que lhe causava muitos problemas. Não sabemos exatamente qual era essa deficiên-

114

cia; dizem que pode ter sido epilepsia. Ele aparentemente não falava muito a respeito disso, e simplesmente chamava de "o seu tormento constante".

O curador comum terá um orgulho humilde com relação ao seu privilegiado papel e procurará se manter digno dele. Se no início do seu trabalho de cura houver alguma coisa errada, ele poderá constatar que, à medida que os anos passam, o seu problema é eliminado ou deixa de ser um embaraço. Naturalmente, irá se recordar daquilo que a sua condição lhe ensinou e usará esse conhecimento no seu trabalho de cura. Manter-se digno do seu papel, no trabalho de cura, é uma frase que possui muitas conotações. No que diz respeito ao físico, ele se recusará a aceitar infecções que as pessoas menos informadas poderão considerar como parte inevitável da vida do dia-a-dia.

Por exemplo, alguém poderá espirrar e dizer: "Oh! céus, estou ficando resfriado." Outra pessoa, que conheça alguma coisa sobre a arte da cura, poderá espirrar e dizer: "Ora, de onde veio esse espirro? Não posso estar ficando resfriado. Não quero ficar gripado e não vou ficar." Então, por meio do pensamento positivo, rejeita mentalmente o vírus que veio ao seu encontro. E talvez também o rejeite fisicamente ao remover da sua cabeça, ombros e braços, as "teias de aranha" que estão cheias de vírus. Isso, naturalmente, significa usar o controle do pensamento e a imaginação criativa que foram mencionadas nos capítulos anteriores.

Essas coisas vêm automaticamente ao curador, com o tempo. Caso o nosso curador esteja com algum problema, mesmo assim ele deverá comparecer à reunião semanal do seu grupo. Essas reuniões são muito importantes para nós, pois as aguardamos com prazer e sentimos como se estivéssemos perdendo alguma coisa se o grupo não se reunir ou se, por qualquer motivo, não pudermos comparecer. O nosso curador que está doente irá às reuniões se puder. Ele poderá ser um participante passivo e, em determinada ocasião, no decorrer da noite, será um receptor, en-

115

quanto os outros membros do grupo usarão suas mãos, seus corações e suas mentes para fazerem com que ele fique novamente em forma.

Se, por qualquer razão, ele for atacado por uma doença mais grave, saberá que poderá fazer no seu leito de enfermo a mesma coisa que fazia quando estava sadio e vigoroso. Todos sabemos que é fato existirem muitas pessoas que, através de suas atitudes, durante um período longo de enfermidade, conseguem servir de inspiração e conforto para todos que as conhecem. Muitas vezes, no passado, fui visitar alguém, possivelmente pensando que iria elevar sua moral, e, quando fui embora, percebi que quem tinha sido ajudado era eu. O Dr. William Barclay relata uma visita realizada pelo seu pai, que também era um pastor da Igreja da Escócia. O pastor fora visitar uma moça que sofria de uma doença incurável, e levara consigo um adorável livro com palavras de conforto, escrito por um autor anônimo; deu-o a ela. "Pensei", disse-lhe, "que talvez você quisesse dar uma olhada neste livro, e é possível que ele a ajude". "Eu conheço este livro", ela disse. "Você já o tem?" perguntou ele. Ela sorriu e disse calmamente, "Eu o escrevi".

Como Manter o Corpo e a Mente em Boa Forma

Ao se manter em forma, o nosso curador comum descobrirá, por si próprio, um conjunto de regras básicas para a saúde, e fará tudo que for possível para segui-lo. Ele poderá interessar-se pela alimentação natural ou até pelo vegetarianismo, mas é bem provável que ele siga uma espécie de caminho do meio. "Moderação em todas as coisas" é uma máxima muito útil para um curador. Até as boas coisas da vida, quando levadas a extremos, perdem a sua qualidade positiva.

Da mesma forma ele não se esquecerá de sua mente. Ela também tem que ser mantida em forma se ele pretende progredir no trabalho de cura. Lembrando-se de que os pensamentos são reais e que eles possuem vida e poder, haverá muitas ocasiões em que

dirá a si próprio: "Eu não deveria ter pensamentos desse tipo."
É difícil destruir um pensamento depois que ele se forma, e
muitos de nós já tivemos a experiência de perceber pensamentos
do tipo devaneio ou fantasia virem à tona muitos anos depois de
se terem formado pela primeira vez.

Cura das Dez Horas
Muitos curadores costumam se esforçar para se reunirem no horário de cura das dez horas. Acho que tenho que explicar o que
isso significa.

Durante os dias sombrios da II Guerra Mundial, quando a Inglaterra estava em apuros, uma das pequenas coisas que manti-
nham os ingleses unidos era o minuto de silêncio pouco antes
do principal noticiário diário do rádio, o jornal das nove horas.
Milhões de pessoas se aproximavam de seus aparelhos de rádio
para ouvir os informes sobre as batalhas, e seus pensamentos
estavam, naturalmente, com os seus entes queridos que se encontravam servindo na guerra ou envolvidos de outras maneiras, com o que nós chamávamos de "esforço de guerra". Muitas preces eram proferidas, muitas lágrimas derramadas, e esse
momento transformou-se num minuto abençoado, quando a
mente da nação era uma só.

O horário de cura das dez horas é uma versão posterior. Não
sei por que a hora foi alterada; provavelmente foi porque a ênfase do pensamento estivesse sendo mudada. Contudo, *sei* que
muitos milhares de pessoas sentam-se tranqüilamente às dez horas, sempre que podem, e "enviam" uma cura ou "pedem" uma
cura, conforme o caso.

Sempre que estamos realizando uma sessão de cura para alguém, ou mesmo quando estamos apenas falando sobre o trabalho de cura, procuramos falar a respeito da cura das dez horas, um horário em que se forma um imenso poço de energia
de cura onde qualquer pessoa pode mergulhar sua xícara e beber à vontade.

Estamos chegando ao final deste pequeno livro. Foi bom lê-lo? Ele pretende ser apenas uma introdução ao assunto, e seu objetivo terá sido alcançado se você conseguiu compreender que a frase "o poder de cura das suas mãos" tem significado para *você* e que através das *suas* mãos a cura poderá fluir.

Alguns de vocês não se terão deixado convencer e exigirão muito mais provas do que as que fui capaz de oferecer, para que possam acreditar em alguma coisa. Não há nada de errado nisso, embora eu pense que se você for cético a respeito do trabalho de cura, talvez nunca encontre uma prova e continue indefinidamente a encontrar motivos para fazer objeções. O falecido Harry Edwards apresentou evidências tanto aos médicos quanto ao clero com relação à cura espiritual, mas não conseguiu convencer nenhuma das partes. As milhares de anamneses que se encontravam em seus arquivos foram ignoradas, e os convites do tipo "venha e comprove" foram recusados.

Veja por si mesmo

Não se deixe convencer facilmente, rejeite as histórias contadas a respeito do que a cura espiritual faz; — vá e observe. A única maneira real e satisfatória de se obter uma prova é através do conhecimento e da experiência direta. Talvez você também se lembre de que a sua mente cética é aquela pequena parte da sua mente conhecida como consciente. Em vez de ser escravizado pela sua insistência quanto a impossíveis requintes de razão e de lógica, por que não ouvir as insinuações da sua mente inconsciente? Você sente que deseja acreditar? Que gostaria que fosse verdade? Essa é a voz da mente inconsciente.

Alguns de vocês não devem ter tido qualquer dificuldade em aceitar o que acabaram de ler, e talvez já tenham até dado os primeiros passos na arte da cura. Outros, talvez, devem ter ficado surpresos ao descobrir que já vinham fazendo instintivamente algumas das coisas que sugeri. Isso é comum. O trabalho de cura é uma atividade natural, e como o amor e a compaixão são as únicas qualificações necessárias, deduz-se que deve haver muitos curadores naturais fazendo alegremente o que vem de forma espontânea. Diz-se, com freqüência, que o melhor exemplo possível do trabalho de cura é quando o pequeno Tommy, depois de cair e esfolar o joelho, entra em casa chorando. A mãe o levanta, o afaga, o consola e o beija para que fique bom. Isso é uma perfeita demonstração da arte da cura e nada poderia ser mais natural do que isso.

Alguns de vocês talvez tenham colocado suas mãos sobre alguém para tentar curá-lo e talvez tenham sentido um formigamento ou uma sensação de calor nas mãos ou nos dedos. Para muitos, a primeira confirmação de que são capazes de curar surge quando vêem uma luz bruxuleante azul-pálido ou cor de malva irradiando dos seus dedos.

Deixe este livro de lado por alguns momentos e tente realizar um pequeno experimento. Mantenha as mãos à sua frente, cerca de dezoito polegadas afastadas de seu rosto, com as pontas dos dedos se tocando. Separe-as agora ligeiramente — você consegue ver uma pálida luz azul cobrindo o espaço entre os dedos? É provável que a melhor hora para se fazer essa tentativa seja depois de refletir sobre a cura, ou depois de tentar enviar alguns pensamentos de cura. Como parte desses pensamentos, imagine que o poder de cura está se irradiando das suas mãos.

Contudo, se depois de fazer inúmeras vezes esse experimento, não conseguir ver nada emanando dos seus dedos, não fique excessivamente desapontado. Eu não vejo nada tampouco! Entretanto, sei que a energia de cura flui através das minhas mãos.

A força do Mal

Devo acrescentar outro lembrete. Ao ler este livro, você aprendeu uma ou duas coisas que devem ser mantidas em segredo: como o pensamento pode ser usado de forma poderosa e o uso criativo da imaginação. Já mencionei que as pessoas que lidam com a magia negra usam essas mesmas técnicas. Você tem, agora, essas duas poderosas armas em suas mãos. Poderá usá-las de modo positivo, promovendo o bem, ou poderá usá-las de forma negativa, causando o mal. A advertência que devo lhe fazer é que, se utilizar essas armas para o mal, você não passará despercebido. As leis do karma (o que você semeia, você colhe) cuidarão que você pague pelo mal que causar, nesta ou na próxima vida.

Existe, em todos nós, uma mistura de bem e de mal. Nenhum de nós é totalmente bom ou completamente mau. Em todos os níveis da vida, temos que chegar a um acordo com esses dois opostos que estão em nós. Acredita-se, de modo geral, que se procurarmos desenvolver o bem, tornando-nos mais espirituais, nós nos elevaremos acima do mal e nos tornaremos completamente bons. As pessoas religiosas e as "freqüentadoras de igreja" geralmente pensam dessa maneira, mas a vida não é assim. Embora seja verdadeiro que a prece, a meditação e os bons pensamentos nos ajudam a ampliar nossa compreensão espiritual, em cada novo estágio que atingimos nós liberamos, por assim dizer, uma nova camada do mal que está dentro de nós. Quanto mais o Sol brilha em nossa face, mais forte é a sombra que está atrás de nós. Uma nova compreensão do poder espiritual libertará dentro de nós a tentação de utilizar esse poder de maneira egoísta, para a satisfação do nosso próprio ego, em vez de se prestar ao serviço dos nossos semelhantes. A história da tentação dos Evangelhos mostra que isso aconteceu até com Jesus.

16

MISCELÂNEA

Dissemos anteriormente que o medo é o grande obstáculo para a cura. Nessa ocasião, estávamos pensando no câncer, principalmente porque o medo do câncer ainda é muito real. Só a palavra já é suficiente para lançar o terror no coração de muitas pessoas. Não existe nenhum motivo racional para isso. Os automóveis são grandes assassinos, mas poucas pessoas caem em pranto quando pensam num automóvel. O medo do câncer está relacionado com a lembrança de pessoas que tiveram mortes dolorosas. Essas recordações "vivem" como uma nuvem na atmosfera e encobrem qualquer pessoa cujos pensamentos se voltem nessa direção.

Essa nuvem é muito antiga, mas há quase quarenta anos ninguém morre de câncer dessa forma. Os medicamentos modernos melhoraram muito as condições do paciente de câncer e atualmente não deveria haver sofrimento, e mesmo os últimos dias da enfermidade deveriam estar livres da dor.

Como mostramos no caso de M., a cura espiritual quase sempre dissipa a dor sem o uso de remédios, embora eu deva admitir que M. foi um caso especial. Ela sabia que estava com câncer e também conhecia o poder do trabalho de cura; na verdade, ela própria era uma curadora. O seu caso, porém, serve de lembrete de que mesmo os melhores entre nós precisam percorrer um longo caminho antes de alcançar a postura espiritual que afasta a doença.

Naturalmente, eu estava comparando M. com alguém que não sabia que estava com câncer. Entretanto, apesar de considerar deplorável a existência dessa espécie de conspiração do silêncio, penso que, enquanto existir um grande medo do câncer, essa talvez seja realmente a melhor atitude a tomar. J. veio nos procurar para um tratamento de cura. Ela disse que estava sendo tratada de uma anemia e que estava farta de ter que desistir dos empregos e de se sentir cansada o tempo todo. Na verdade, ela estava com leucemia.

J. era, por natureza, o que podemos considerar um tipo nervoso e acho que se lhe tivéssemos contado a verdade sobre a sua doença não teria sido bom para ela. Nesse caso, ocultar a verdade seria justificável. Ela reagiu muito bem ao tratamento de cura e, depois de aproximadamente seis meses, recebeu alta do tratamento médico, pois o seu mal havia desaparecido. Voltou a trabalhar e não teve problemas posteriores.

Enquanto muito dinheiro está sendo empregado em pesquisas na tentativa de isolar uma causa física, o estudo do câncer enquanto doença psicossomática tem recebido muito pouca atenção. Uma notável exceção é o estudo realizado pela Federação dos Curadores Espirituais. Não tenho qualquer dúvida de que eles entregariam a informação a qualquer pessoa que estivesse genuinamente interessada.

O câncer nas pessoas jovens e de meia-idade sempre deve ser encarado como anormal e "impróprio", mas em idade avançada parece indicar um tipo diferente de problema.

Nosso corpo, afinal, tem um período limitado de vida e todos teremos, um dia, de dizer adeus a ele. Tentativas para desacelerar o processo de envelhecimento podem parecer bastante agradáveis, e muitas pessoas desejam viver por mais tempo. Porém, a verdadeira pergunta que ninguém faz, é: "Por quê?" O que pretendemos fazer com os anos adicionais? Queremos nos divertir? Esse não é o melhor motivo! Temos determinadas tarefas para realizar no decorrer desta vida e a única razão para procu-

122

rarmos estender nosso período de vida certamente é o fato de ainda não termos concluído essas tarefas e *precisarmos* de um tempo adicional. O resto, o divertimento, surge quando encerramos esta vida terrena e voltamos para casa.

A Aceitação da Morte

Deixe-me tentar ilustrar isso. Um engenheiro conhecido meu foi enviado para o exterior para supervisionar determinado projeto. Ele tinha cinco anos para concluir o serviço, mas conseguiu fazê-lo em quatro e pôde voltar mais cedo para casa.

A morte de Jesus nos fornece outro exemplo. Muitos sermões da Sexta-feira Santa giram em torno do desperdício de Jesus, por ter morrido com a idade de trinta e três anos, depois de ter pregado por apenas três; ter sido crucificado na plenitude da vida, com os melhores anos ainda pela frente etc.

A realidade, porém, é totalmente diferente. Ele sempre disse que tinha uma tarefa especial a cumprir, e na cruz disse: "Tudo está consumado" — e foi, então, mais cedo para casa.

Existe muita verdade no antigo provérbio que diz que só os bons morrem cedo. O segredo da vida está em sabermos o que temos que fazer, e fazê-lo. Quando terminamos, podemos voltar para casa. Nossa idade terrena, na ocasião em que vamos para casa, quando deixamos o nosso corpo e ele morre, é irrelevante.

Temos a tendência de ficar obcecados pelos anos que passamos na terra. Gastamos tempo e dinheiro tentando manter o nosso corpo jovem. Contudo, todos reconhecemos a verdade daquele outro antigo ditado que diz "somos tão velhos quanto nos sentimos". Poucos de nós se sentem velhos, e isso se deve ao fato de que o nosso eu real, o nosso eu espiritual, não envelhece, e não tem nenhuma relação com o processo de envelhecimento do corpo. Embora tenhamos o dever de cuidar do nosso corpo, as tentativas de prolongar a vida são sensatas apenas quando há um motivo válido para querermos prolongá-la.

Se não existir essa razão, e se ingoramos o que está à nossa frente e, portanto, só queremos continuar a viver por viver, então é possível que a desintegração do corpo se inicie antes que o deixemos.

Acho que não me expliquei bem. O que realmente quero dizer é que o câncer na idade extremamente avançada pode ser "natural" no sentido de que a vida do corpo já foi prolongada por um tempo excessivamente longo — como um prédio em ruínas que já deveria ter sido demolido há muitos anos. O ocupante se recusa a sair e agora o edifício está ruindo vagarosamente, apesar dos cuidados dos construtores que tentam constantemente remendá-lo.

Apesar de não desejar me aprofundar na questão da eutanásia, quero assinalar que já presenciei muitas pessoas ultrapassarem a época em que deveriam ter ido descansar. Entretanto, o problema não se refere apenas aos cuidados despendidos pelos médicos que mantêm os corpos gastos funcionando. Afinal, os médicos e as enfermeiras, na verdade, não podem fazer outra coisa. A ética profissional deve ser mantida. Não é essa a questão. O problema é espiritual. Há uma falta de conhecimento, do qual a Igreja deve ser considerada responsável, com relação a assuntos que permitirão que as pessoas muito idosas percebam quando é chegada sua hora e saibam como agir e para onde ir.

Desejo voltar mais uma vez ao caso de M. Eu a ajudei a "morrer", no sentido de que a ajudei a perceber que havia chegado a hora em que ela deveria abandonar o seu corpo e ir para o lugar onde o seu marido e outros amigos lhe esperavam. "Vamos, M., já basta. Está na hora de você partir."

Essa não é, em absoluto, a única ocasião em que ajudei alguém a passar para o outro lado da porta.

A maneira como faço isso varia evidentemente de pessoa para pessoa, mas ela inclui fundamentalmente procurar dissipar quaisquer temores que porventura as pessoas tenham, orientando sua atenção para a luz e encorajando-as a reconhecerem os rostos familiares que possam ver, assegurando-lhes de que não se trata de sonhos nem de alucinações.

Os católicos romanos poderão se opor à minha observação quanto à Igreja ter falhado em seu dever para com aqueles cuja hora está próxima. Um padre normalmente visitará uma pessoa que está nessa situação e lhe administrará a "extrema-unção", que está fundamentalmente destinada a fazer tudo o que acabo de descrever. Existe porém um problema: nas mãos de um padre insensível, a extrema-unção poderá não passar de um ritual, uma formalidade necessária, um conjunto de palavras, lidas de um livro, e que não possuem aquele "algo" especial que preenche as necessidades, as diferentes necessidades de cada indivíduo.

A Cura Através da Cor

Desejo abordar um último assunto. Ele está relacionado com a cura através da cor, um tema que abordei superficialmente no início do livro. Você talvez se recorde de que eu disse que todas as coisas naturais absorvem energia e a irradiam de volta. As flores fazem isso, e uma das coisas que gostamos de fazer é enviar um ramo de flores àqueles que vêm nos procurar para serem curados. Nós provavelmente fazemos isso para que saibam que estamos pensando neles, e não há dúvida de que esperamos que as flores elevem um pouco o estado de espírito.

Na verdade, pelo fato de irradiarem a cura, o vaso de flores ao lado da pessoa doente pode dar uma contribuição muito positiva no que se refere à recuperação do paciente. Isso pode se tornar ainda mais positivo se enviarmos as flores da cor adequada, que emitam o tipo de raio que o paciente necessita. Por exemplo, se alguém sofreu uma intervenção cirúrgica e precisa recuperar as forças, podemos enviar-lhe flores que emitem raios fortes e poderosos. A cor adequada para isso é o vermelho. Quaisquer flores vermelhas servem; podemos escolher entre as que conseguirmos encontrar. Quando o enfermo olhar para as lindas flores ele estará absorvendo força, energia e vitalidade.

Suponhamos, porém, que uma outra pessoa esteja sofrendo de um tipo de ansiedade nervosa e precise de calma e de tranqüilidade. Nesse caso, o vermelho seria uma escolha incorreta, pois essa cor é muito estimulante e poderia inclusive tornar o paciente inquieto. Ele precisa de algo que emita raios calmantes, relaxantes, tranqüilizantes. O azul propicia tudo isso, e é a cor que devemos procurar quando queremos restabelecer a paz. O laranja e o amarelo são evidentemente cores joviais, e flores dessas cores representam uma boa escolha, se você deseja dar vida ao aposento de um doente. Se conseguir encontrar uma flor que possua um toque dourado, nesse caso terá encontrado um presente digno de um rei! O ouro representa a própria essência da cura e, além disso, uma flor dourada traz a esperança, o riso e a felicidade. É um estranho paradoxo o de que a mais preciosa das cores seja encontrada mais facilmente entre as flores mais simples.

Enquanto levamos um ramo caro de flores para o nosso vizinho doente, uma criança fará um bem maior com um ramo desalinhado de ranúnculos que ela mesma tenha colhido!

Inclua sempre algumas folhagens no seu ramo de flores. O verde é a forma divina de expressar e de causar a harmonia. Caminhe um pouco no parque e observe as inúmeras tonalidades de verde que se harmonizam perfeitamente umas com as outras e com tudo o que é natural e bom. Isso — você certamente está lembrado — relaciona-se com a restauração da harmonia, do ritmo e da unidade entre todas as partes do eu, e entre o eu e o resto da criação.

LEITURA COMPLEMENTAR

Cooke, Grace. *Meditation*. 1955.
  Path of the Soul. 1972.
  As duas obras foram editadas pela White Eagle Publishing Trust, Liss, Hampshire.
Edwards, Harry. *The Healing Intelligence*. Herbert Jenkins, 1965.
  Trata-se de uma pesquisa abrangente sobre como o trabalho de cura estimula os órgãos do corpo. Relata diversas anamneses.
Findlay, Robert. *A Lie in My Right Hand*. Regency Press, 1968.
  The Longest Shadow in the World. Findlay, 1978. Dois livros bastante úteis, que esclarecem como os fenômenos espirituais e psíquicos modernos se ajustam à crença tradicional cristã. O autor é um presbítero, um curador, e está ligado ao Edinburgh College of Parapsychology. Os dois livros podem ser obtidos com o autor: R. Findlay, Boturich, Alexandria, Dunbartonshire.
Fortune, Dion. *Through the Gates of Death*. Aquarian Press, 1972. (*Através dos portais da morte*. Ed. Pensamento, São Paulo, 1. ed., 1987.)
  Esclarece o que ocorre quando morremos e fornece o significado de vários costumes ligados ao luto. Este é um livro imprescindível.
Kennedy, Rev. David. *Adventure in Immortality*. C. Smythe, 1973.
  Um pastor da Igreja da Escócia escreve de forma comovente a respeito das mensagens que recebeu da esposa, Anne, durante um período de seis meses depois da morte dela, em janeiro de 1971.
Peddie, Rev. J. C. *The Forgotten Talent*. Fontana, 1961.
Roberts, Ursula. *Letters between Healers*. Psychic Press, 1976.
Um registro fascinante da correspondência mantida entre o autor e três pessoas que descobriram que possuíam o dom de curar. Responde a muitas indagações e pode ser consultado freqüentemente.
Hints for Healers.
Look at the Aura — and Learn. (*O mistério da aura humana*. Ed. Pensamento, São Paulo, 1988.)
Os três livros podem ser obtidos de Miss Ursula Roberts, 7 Sunny Gardens Road, London NW4 ISL.
Weatherhead, Rev. Dr. Leslie. *The Christian Agnostic*. Hodder, 1965.

Editora Pensamento
Rua Dr. Mário Vicente, 374
04270 São Paulo, SP

Livraria Pensamento
Rua Dr. Rodrigo Silva, 87
01501 São Paulo, SP
Fone 36-3722

Gráfica Pensamento
Rua Domingos Paiva, 60
03043 São Paulo, SP